CORNELIA SCHINHARL

ALPENKÜCHE

vegetarisch

Inhalt

Vorwort 4

Brotzeit und Jause 6

Aus dem Suppentopf 36

Knödel, Pasta & Co. 60

Deftiges aus dem Ofen 104

Mehlspeisen und Gebäck 126

Register 158

Vorwort

Wenn wir früher in den Bergen unterwegs waren, hab ich mich als Kind nicht nur über die abenteuerlichen Stunden am Bergbach oder das Klettern auf „riesige“ Felsen gefreut, sondern immer auch auf den Besuch auf der Alp. Da gab es ein Glas frische Milch, die zu Hause niemals so gut schmecken konnte, eine dampfende Brotsuppe, saftige Knödel mit wunderbarer brauner Butter oder Kartoffeln mit frischem Quark. Und als Nachtisch – wenn ich Glück hatte – einen Kaiserschmarren oder Germknödel. Das hat alles so gut geschmeckt.

Wenige Zutaten, aber von bester Qualität und mit Liebe zum Produkt gekocht, so ist die Alpenküche in ihrer besten Form. Natürlich war und ist nicht alles vegetarisch, was da auf den Tisch kommt. Aber im Mittelpunkt stand immer das, was man selbst in den Bergen hergestellt hat. Und das schmeckt schon von Haus aus einfach wunderbar: Milch, Butter, frischer und reifer Käse, Quark und Joghurt. Dazu ein paar Produkte, die man gut im Vorrat haben kann, wie Brot, Kartoffeln, Nudeln und Getreide. Und vielleicht ein paar Kräuter, Pilze und Früchte, die in direkter Nähe wachsen. Was dann alles daraus gekocht wurde, ist beeindruckend. Und natürlich von Region zu Region so verschieden, dass eine ganze Palette an Gerichten zusammengekommen ist.

Auf vielen Berghütten, die viele Wanderer bedienen, findet man heute leider wie überall eher Schnitzel und Pommes. Aber es gibt sie noch und vielleicht sogar wieder mehr: die Hütten, wo die Wirtin und der Wirt noch mit ihren Produkten verbunden sind und sie so zubereiten, wie sie es seit jeher kennen. Mit etwas Glück findet man sie oder schaut einfach beim Käser vorbei, der sicher zumindest ein Glas Milch, ein Stück Brot und etwas Käse anbieten kann.

Fast direkt vor meiner neuen Haustür in der Nähe des Berner Oberlands, wo ich seit einigen Jahren lebe, in meiner alten Heimat Bayern und im Allgäu, in Österreich, im Veltlin und in Südtirol habe ich auf meinen kleinen und großen Bergtouren solche Hütten gefunden und vor allem auch viele Menschen getroffen, die mir erzählt haben, was ihre Großmütter und Mütter und sie selbst kochen, mal ganz traditionell, mal ein bisschen modernisiert. Ich habe probiert und war oft begeistert, meist von ganz einfachen Gerichten. Die habe ich dann zu Hause noch einmal nachgekocht und mich fast wie in den Bergen gefühlt ...

So kann man sich die Faszination der Berge mit ihren einfachen und dabei so köstlichen Produkten ganz einfach nach Hause holen. Gute Produkte einkaufen, für sich und die Familie oder Freunde kochen und einfach genießen.

Viel Spaß dabei und guten Appetit!

BROTZEIT

und Jause

Ziegenkäse-Carpaccio mit Thymian und Walnüssen

Vor allem junge milde Käse eignen sich sehr gut zum Marinieren oder Einlegen. Für dieses Carpaccio sollte es ein Käse sein, der schon so fest ist, dass er sich in dünne Scheiben schneiden lässt.

Für 4 Personen
Zubereitungszeit: 20 Min.
Ruhezeit: 1 Std.

250 g junger Ziegenkäse
6 Zweige (Berg-)Thymian (am besten mit Blüten)
2 EL Walnusskerne
5 EL Weißwein oder naturtrüber Apfelsaft
1 EL Zitronensaft
2 TL Honig, z.B. Akazien- oder Kastanienhonig
Salz
Pfeffer aus der Mühle
2 EL Walnussöl

Den Käse gegebenenfalls entrinden und in sehr dünne Scheiben schneiden. Die Scheiben auf Tellern auslegen.

Den Thymian waschen und trocken schütteln, die Blättchen und die Blüten abzupfen. Die Walnüsse in kleine Stücke brechen.

Die Walnüsse in einer Pfanne bei mittlerer Hitze leicht anrösten, bis sie würzig duften. Den Wein oder den Saft, den Zitronensaft und den Honig dazugeben, einmal aufkochen und die Pfanne vom Herd nehmen. Mit Salz und Pfeffer abschmecken, das Öl unterschlagen und die Mischung auf den Käsescheiben verteilen.

Das Ziegenkäse-Carpaccio mit den Thymianblättern und -blüten bestreuen und mindestens 1 Stunde durchziehen lassen. Dann mit kräftigem Bauernbrot oder Nussbrot servieren.

Tipp Käse und Honig sind ein echtes Traumpaar. Am besten funktioniert die Verbindung, wenn man mild und kräftig mischt: also zu jungen und eher milden Käsesorten am besten den kräftigen Kastanien- oder auch einen Thymianhonig servieren und zu alten reifen Käsesorten, wie zum Beispiel Hobelkäse, eher einen milden wie den Akazienhonig.

Auch sehr fein: Haselnusskerne im Backofen oder in einer Pfanne rösten und die braune Haut so gut wie möglich abreiben. Die Nüsse in ein Glas füllen und mit Akazienhonig bedecken. Ein paar Wochen ziehen lassen, dann zu Käse oder zu Fondue oder Raclette reichen.

Ein Sommer auf der Alp

Frühmorgens um fünf zieht sie los, um die Kühe von der Weide zu holen. Manchmal leuchtet ihr der Mond den Weg, an anderen Tagen ziehen Nebelschwaden über die Wiesen. Doch immer liegt eine wunderbare Ruhe über allem. Für sie sei das der schönste Moment des Tages, erzählt Lisette. Auch wenn das Heimtreiben der Kühe nicht immer einfach ist. Eine schläft noch, die andere lässt sich beim Fressen ungern stören. Aber wenn es ihr erst einmal gelungen ist, ein paar der Kühe zu überzeugen, kommen die anderen auch mit, Herdentrieb eben.

Melken steht jetzt an, Käsemachen natürlich, ab und zu Buttern oder Ziger produzieren, die fertigen Käselaibe wollen täglich gepflegt sein, und hin und wieder kommt auch einmal ein durstiger und hungriger Wanderer vorbei. Wenn Lisette am Abend mit allem fertig ist, liegt ein langer Tag hinter ihr. Aber ihr gefallen das Leben und die Arbeit auf der Alp, sie mag den beständigen Rhythmus, der ihrem Leben eine so wohltuende Struktur gibt.

Den Wunsch, einmal einen Sommer auf der Alp zu verbringen, hat Lisette schon seit ihrer Kindheit. Ihre Mutter war als junge Frau selbst einen Sommer zum Käsen auf der Alp und hat immer wieder so begeistert davon erzählt, dass die Tochter sich anstecken ließ. Zunächst schlug sie aber einen anderen Weg ein und studierte Geowissenschaften. Nach dem Bachelor stellte sich die Frage, wie es weitergehen sollte. Noch den Master draufsetzen? Erst einmal nicht, fand sie, und gab ein Inserat im Internet auf: „Studentin möchte auf die Alp und kann eigentlich nichts." Die Ersten, die sich meldeten, waren Ruth und Daniel Rubin von der Mederalp. Sie leben im Winter im Tal und ziehen im Sommer mit 18 Kühen, drei Ziegen und fünf Schweinen sowie ihren drei Kindern für knapp vier Monate auf die Alp. Ruth hat übrigens selbst als Alphilfe hier angefangen. „Dann habe ich mir einfach den Bauern geangelt", erzählt sie vergnügt.

Lisette ist jetzt den zweiten Sommer auf der Mederalp, gehört zur Familie und hat inzwischen auch den Käsekurs besucht. Ob sie nächstes Jahr wiederkommt? Mal schauen, sie ist ja noch jung, gerade mal 25 Jahre alt. Da kann noch viel passieren, aber das Leben und die Arbeit hier liegen ihr, das spürt man deutlich.

Ganz anders und doch irgendwie ähnlich ist es bei Annamarie und Alfred. Sie ziehen seit weit mehr als 40 Sommern mit ihren momentan 17 Kühen auf die Chaslepalp. Ihnen liegt das beinahe in den Genen, schon Alfreds Vater war hier zum Käsen. Wie er mussten Annamarie

STIHL
STIHL

und Alfred anfangs alles, was sie für die elf Wochen auf der Alp brauchten, mit dem Pferd hochbringen. Heute führt ein Schotterweg hinauf, und auch die Kühe werden mit dem Wagen transportiert. Doch das letzte Stück, das laufen Annamarie und Alfred noch heute mit den Tieren, das lassen sie sich nicht nehmen. Zumindest bei schönem Wetter müssen sie ihre Kühe nicht holen. Die kommen morgens von selbst, sind lieber im Stall und haben Ruhe vor den lästigen Fliegen. Dann werden die Kühe gemolken, kleine Käse – Mutschli – und jeden Tag zwei große Laibe Alpkäse produziert und die schon fertigen Käse geschmiert und gedreht. Zwischendurch müssen alle Käsegeschirre und der Kessel geputzt und die Weiden gepflegt werden. Dann wird noch einmal gemolken, übrigens eine der Lieblingsbeschäftigungen Alfreds, weil man da so gut seinen Gedanken nachgehen kann. Annamarie ist eher fürs Käsen zuständig, sie kann das besser, meint Alfred, wie vieles andere auch! Wenn die Kühe dann wieder auf die Weide dürfen, wird noch der Stall gemistet. Dann setzen die beiden sich zum Abendessen hin und hören vielleicht noch das Wunschkonzert im Radio. Und sind auch nach so vielen Jahren auf der Alp zufrieden, genießen das einfache Leben und die Nähe zur Natur. Und zu den Tieren. Brichte (sprechen) muss man mit ihnen, sagt Alfred, und beim Streicheln soll man auch nicht geizig sein. Sie haben das nämlich gern!

Obazda

Auch wenn der „Zerdrückte“ eine typische Biergarten-Brotzeit ist, schmeckt er auf der Alp mindestens genauso gut. Ich mag ihn am liebsten schön cremig, deshalb wird das Rezept hier mit saurer Sahne verfeinert.

Für 4 Personen
Zubereitungszeit: 20 Min.

½ Bund Schnittlauch
250 g reifer Camembert
50 g weiche Butter
75 g saure Sahne oder Dickmilch
3 TL Paprikapulver (edelsüß)
1 TL Paprikapulver (rosenscharf)
gemahlener Kümmel
frisch geriebene Muskatnuss
Salz
Pfeffer aus der Mühle
1 kleine weiße Zwiebel

Den Schnittlauch waschen, trocken schütteln und in feine Röllchen schneiden. Den Camembert in kleine Würfel schneiden und mit einer Gabel zerdrücken. Die Butter und die saure Sahne oder Dickmilch dazugeben und alles mit der Gabel zu einer Creme zerdrücken.

Die Creme mit je 1 TL edelsüßem und rosenscharfem Paprikapulver, je 1 Prise Kümmel und Muskatnuss sowie Salz und Pfeffer abschmecken und den Schnittlauch untermischen.

Die Zwiebel schälen und in feine Ringe schneiden. Mit etwas Salz mischen und 5 Minuten ziehen lassen.

Das übrige edelsüße Paprikapulver auf einen Teller geben, die Zwiebelringe darin wenden und auf dem Obazdn verteilen. Den Obazdn mit Bauernbrot oder Brezen servieren.

Brezen selber backen Dafür 500 g Mehl mit 1 geh. TL Salz in einer Schüssel mischen. 30 g frische Hefe zerkrümeln und mit ½ TL Zucker und 275 ml lauwarmem Wasser gut verrühren. Mit dem Mehl zu einem glatten Teig verkneten und zugedeckt 30 Minuten gehen lassen.

Den Teig in 8 Portionen teilen und jeweils zu etwa 50 cm langen Strängen formen, die an den Enden etwas spitzer zulaufen. Auf ein Brett legen und 15 Minuten in das Tiefkühlfach stellen.

Den Backofen auf 230 °C vorheizen. 1½ l Wasser mit 50 g Natron (aus dem Backregal) in einem großen Topf aufkochen. Die Brezen einzeln ½ Minute in die Lauge tauchen, herausnehmen, abtropfen lassen und auf ein mit Backpapier belegtes Bachblech legen.

Mit grobem Salz bestreuen und im Ofen auf der mittleren Schiene etwa 15 Minuten goldbraun backen. Herausnehmen und auf einem Kuchengitter abkühlen lassen.

Erdäpfelkas

Mit Käse hat dieser feine Aufstrich, den man in Österreich und in Bayern zubereitet, eigentlich gar nichts zu tun. Aber ein toller Ersatz für einen Käsebelag auf dem Brot ist er in jedem Fall.

Für 4 Personen
Zubereitungszeit: 35 Min.
Ruhezeit: 30 Min.

300 g vorwiegend festkochende Kartoffeln
Salz
1 kleine Zwiebel
100 g Speisequark
100 g Buttermilch
1 TL ganzer Kümmel
Pfeffer aus der Mühle
½ Bund Schnittlauch

Die Kartoffeln mit der Schale gründlich waschen und in Salzwasser weich garen. Die Kartoffeln abgießen, leicht ausdampfen lassen und möglichst heiß pellen. Noch heiß durch die Kartoffelpresse drücken. Die Kartoffelmasse abkühlen lassen.

Die Zwiebel schälen und sehr fein hacken. Mit dem Quark und der Buttermilch unter die Kartoffeln rühren. Die Creme mit Kümmel, Salz und Pfeffer würzen. Den Erdäpfelkas mindestens 30 Minuten ziehen lassen, dann noch einmal durchrühren und eventuell nachwürzen.

Den Schnittlauch waschen, trocken schütteln und in feine Röllchen schneiden. Auf dem Erdäpfelkas verteilen. Den Erdäpfelkas mit rustikalem Bauernbrot oder mit Laugenbrezen (siehe Seite 14) servieren.

Tipp Wenn Sie gegarte Kartoffeln vom Vortag übrig haben, können Sie den Erdäpfelkas auch gut damit zubereiten. Die Kartoffeln pellen und auf der Rohkostreibe fein reiben. Anschließend mit den restlichen Zutaten mischen und abschmecken.

Pilzmousse

Wenn im Spätsommer und Herbst das Wetter mitspielt, findet man in den Bergen mit etwas Glück den einen oder anderen Steinpilz. Aber auch mit Egerlingen schmeckt die Mousse ausgezeichnet.

Für 4 Personen
Zubereitungszeit: 25 Min.
Kühlzeit: 2 Std.

250 g Steinpilze
1 Zwiebel
2 Knoblauchzehen
1 EL Butter
Salz
Pfeffer aus der Mühle
1 Handvoll (Berg-)Kräuter (z.B. Thymian, Majoran und Sauerampfer)
100 g Doppelrahmfrischkäse
50 g Sahne
Salatblätter zum Anrichten

Die Steinpilze putzen, mit Küchenpapier trocken abreiben und in kleine Würfel schneiden. Die Zwiebel und den Knoblauch schälen und in feine Würfel schneiden.

Die Butter in einer Pfanne erhitzen und die Zwiebel und den Knoblauch darin andünsten. Die Pilze dazugeben und unter Rühren bei mittlerer bis starker Hitze etwa 5 Minuten braten. Falls sich dabei Flüssigkeit bildet, die Hitze etwas erhöhen und die Flüssigkeit verkochen lassen. Die Pilze mit Salz und Pfeffer würzen und abkühlen lassen.

Die Kräuter waschen und trocken schütteln, die Blätter abzupfen und fein hacken. Die Pilze mit dem Frischkäse mit dem Stabmixer fein pürieren. Die Sahne mit 1 Prise Salz steif schlagen und mit den Kräutern unterrühren. Die Mousse mit Salz und Pfeffer abschmecken.

Die Mousse mindestens 2 Stunden zugedeckt in den Kühlschrank stellen. Mit Esslöffeln Nocken abstechen und diese mit ein paar Salatblättern auf Tellern anrichten. Mit frischem Brot servieren.

Sauerampferpäckchen

Sauerampfer findet man in den Bergen auf fast allen Almwiesen. Das Rezept für diese einfache und köstliche Vorspeise hat mir Margrith verraten, die mit ihrem Mann auf der Planalp oberhalb des Brienzer Sees viele Kräuter sammelt und verarbeitet.

Für 4 Personen
Zubereitungszeit: 20 Min.

1 großes Bund Radieschen
Salz
20 große zarte Sauerampferblätter
150 g (Ziegen-)Frischkäse
Pfeffer aus der Mühle
3 EL Öl (am besten Olivenöl)

Die Radieschen putzen, waschen, in dünne Scheiben schneiden und mit Salz mischen.

Die Sauerampferblätter waschen und gut trocken tupfen, sonst spritzen sie beim Braten. 4 Blätter sehr fein hacken und mit dem Frischkäse mischen. Den Frischkäse mit Salz und Pfeffer würzen und beiseitestellen.

Von den restlichen Sauerampferblättern die Stiele abschneiden. Jeweils etwa 1 TL Frischkäse auf jedes Blatt setzen. Das Blattende darüberklappen, die Seiten nach innen einschlagen und das Blatt aufrollen.

Das Öl in einer Pfanne erhitzen. Die Päckchen darin bei mittlerer Hitze auf jeder Seite etwa 2 Minuten leicht braun braten.

Die Radieschenscheiben auf Tellern auslegen. Die Sauerampferpäckchen daraufsetzen, nach Belieben mit gehackten Kräutern bestreuen und sofort servieren.

Tipp Olivenöl in der Küche der Alpen – das ist vielleicht nicht ganz typisch. Aber in Olivenöl gebraten schmecken die Päckchen einfach am besten.

Und wer keine großen Sauerampferblätter findet oder kaufen kann, nimmt einfach die doppelte Menge und legt je 2 Blätter leicht überlappend nebeneinander.

Grüner Flan mit Käsesauce

Im Aostatal und im Veltlin serviert man gern einen Kräuterflan mit cremiger Sauce – als eher üppige Vorspeise oder auch mal als kleines Gericht. Statt der Kräuter kann die Basis auch ein Gemüsepüree, z.B. aus Kürbis oder Roter Bete, sein. Dann etwa 400 g Gemüsepüree verwenden.

Für 4 Personen
Zubereitungszeit: 40 Min.
Garzeit: 40 Min.

Für den Flan:
700 g Guter Heinrich, Giersch, Brennnesseln und/oder Blattspinat
Salz
2 Eier
100 g Speisequark, Ziger oder Ricotta
2 EL geriebener Berg- oder Alpkäse
Pfeffer aus der Mühle
frisch geriebene Muskatnuss
Butter zum Einfetten

Für die Sauce:
200 g junger Fontina
200 ml Milch
2 sehr frische Eigelb
1 EL Butter
Pfeffer aus der Mühle
Salz

Für den Flan die Kräuter oder den Spinat verlesen und gründlich waschen, grobe Stiele entfernen. In einem Topf reichlich Salzwasser aufkochen und die Kräuter oder den Spinat darin 1 bis 2 Minuten blanchieren und zusammenfallen lassen. In ein Sieb abgießen, kalt abschrecken und gut abtropfen lassen. Die Flüssigkeit mit den Händen gut herausdrücken, die Blätter grob hacken und in der Küchenmaschine fein pürieren.

Das Püree mit den Eiern, dem Quark, Ziger oder Ricotta und dem geriebenen Käse gründlich verrühren. Mit Salz, Pfeffer und Muskatnuss abschmecken.

Den Backofen auf 150 °C vorheizen. Vier Förmchen (à etwa 200 ml Inhalt) mit Butter einfetten und die Flanmasse einfüllen. Sie soll die Förmchen nur zu etwa drei Vierteln füllen.

Die Förmchen in die Fettpfanne des Backofens oder in eine ofenfeste Form stellen und so viel heißes Wasser angießen, dass die Förmchen zu etwa einem Drittel darin stehen. Die Flans im Ofen auf der unteren Schiene etwa 40 Minuten garen, bis die Masse gestockt ist.

Nach etwa 20 Minuten für die Sauce den Käse gegebenenfalls entrinden und raspeln. Die Milch in einem Topf erwärmen. Einen kleinen Schöpfer abnehmen und die Eigelbe damit verrühren. Den Käse nach und nach in die restliche Milch rühren und bei schwacher Hitze darin schmelzen lassen. Wahrscheinlich löst er sich jetzt noch nicht komplett auf.

Die Eigelbmilch in die Käsemilch rühren und unter Rühren etwa 5 Minuten erwärmen, bis die Masse dickflüssig wird. Die Butter in Stückchen in der Sauce zerlassen. Die Sauce nochmals kräftig durchschlagen, mit Pfeffer und eventuell Salz abschmecken.

Die Flans aus dem Ofen nehmen und kurz ruhen lassen. Mit einem Messer vom Rand der Förmchen lösen und vorsichtig auf Teller stürzen. Die Käsesauce dazugeben und die Flans sofort servieren.

Brennnessel
Frauenmantel
Rotklee
Bergthymian
Guter Heinrich
Sauerampfer
Taubenkropf-Leimkraut

WILDKRÄUTER

Alles andere als Hexerei

Eigentlich war ich ja auf der Suche nach einer Kräuterhexe. Gefunden habe ich einen Kräuterfuchs. Und der hat mir so viel erzählt und gezeigt, dass ich sofort infiziert war und eine Zeit lang vor allem mit gesenktem Blick durch die Berge streifte. Nach Hause kam ich immer mit gefülltem Rucksack. Und ich habe recht schnell gemerkt, dass das alles überhaupt keine Hexerei ist, sondern eine richtig feine Sache.

Eine romantische Vorstellung in Sachen Wildkräuter musste ich allerdings recht bald aufgeben – auf jeder Alp bekam ich auf meine Frage, was sie denn aus den Kräutern, die so üppig rund um die Hütte wachsen, kochen würden, dieselbe Antwort: „Wir machen nichts damit, dafür haben wir keine Zeit.“ Die älteren Senner und Sennerinnen kennen die Kräuter zwar und wissen auch, dass sie gut schmecken und vor allem auch gesund sind. Aber nach einem langen Tag, der morgens früh um fünf beginnt, haben sie verständlicherweise keine Lust mehr, noch Kräuter zu sammeln, zu verlesen und zu kochen …

Ganz anders beim Kräuterfuchs und seiner Frau. Sie machen auf ihrer kleinen Almhütte keinen Käse, sondern genießen die wunderbare Aussicht und das Leben. Da werden Wildkräuter, Blüten und Früchte gesammelt, für Tee getrocknet, in Essig oder Öl eingelegt, zu Schnaps gebrannt oder eben in der kleinen Küche zu den unterschiedlichsten Köstlichkeiten verarbeitet.

Sie kennen sie noch genau, den Geschmack und vor allem auch die Wirkung der einzelnen Kräuter. Haben sich intensiv damit befasst und das alte Wissen neu belebt. Denn bevor die chemische Industrie ihren Aufschwung nahm und die Medikamente im Labor hergestellt wurden, haben die Menschen viele Leiden einfach mit Wildkräutern behandelt oder ihnen durch die gesunde und abwechslungsreiche Küche sogar oft vorgebeugt.

Regelrecht ins Schwärmen kommt der Kräuterfuchs, wenn er von der Brennnessel spricht. Eine Wunderpflanze sei sie. Gegen Gicht und Rheuma soll sie helfen, zudem

entschlacken und das Blut reinigen. Außerdem ist die eiweiß- und vitaminreiche Pflanze ein wirklich schmackhaftes Kraut, das man wie Spinat kochen, aber auch in vielen anderen Gerichten verwenden kann. Sogar die Blütenknospen schmecken fein, zum Beispiel im Salat. Weil sie – wie der Name schon sagt – brennt, muss man die Blätter der Brennnessel kurz blanchieren oder aber mit dem Nudelholz darüberrollen, dann kann man sie sogar in den Salat mischen. Übrigens wurde die Brennnessel früher – gekocht und in Salz eingelegt – als Gerinnungsmittel bei der Käseherstellung verwendet. Rund um die Alphütten gedeiht sie auch besonders gut, denn sie liebt nährstoffreiche Standorte.

Die gute Düngung der Almwiesen mögen noch zwei andere Wildkräuter ausgesprochen gern, der Gute Heinrich und der Berg-Sauerampfer. Der Gute Heinrich kann bis zu einer Höhe von 2200 Metern gedeihen, er enthält sehr viel Vitamin C und wertvolle Mineralstoffe, wie zum Beispiel Eisen. Zubereitet wird er wie Spinat, schmeckt aber etwas herber. Vom Sauerampfer sind die jungen zarten Blätter am besten, und zwar roh wie gekocht. Er soll das Immunsystem stärken und das Blut reinigen. Beide enthalten übrigens relativ viel Oxalsäure, man sollte sie also wirklich nur jung und nicht zu oft essen.

Hübsch und aromatisch sind außerdem der Berg-Thymian mit seinen kräftigen dunkelrosa Blüten und der Alpenschnittlauch mit den robusteren Halmen und dem intensiven Aroma.

Die Blüten von wilden Stiefmütterchen, Gänseblümchen und Rotklee haben uns im Salat geschmeckt, und die Knospen vom Spitzwegerich erinnern roh ein bisschen an Champignons. Richtig begeistert haben uns das Leimkraut und die Ährige Teufelskralle. Die Blätter und Knospen der jungen Leimkrautpflanze sind wunderbar als Salat und erinnern im Geschmack an zarte Erbsen. Und von der Teufelskralle kann man auf der Wanderung ebenfalls Blätter und Blüten essen, sie schmecken mild-würzig und löschen den Durst.

Übrigens: Die Begeisterung darüber, was man alles in der Natur entdecken und sogar essen kann, hält an. Nein, sie wächst sogar. Ich kann also nur eines empfehlen: Ein gutes Pflanzenbestimmungsbuch besorgen, in den Rucksack packen und losmarschieren in die Berge!

Krautsalat mit Apfel und Walnüssen

Sowohl das Kraut als auch die Äpfel und Walnüsse lassen sich problemlos längere Zeit lagern, sind also auf den Hütten von Bayern bis nach Tirol und Südtirol eine beliebte Salatzutat.

Für 4 Personen
Zubereitungszeit: 30 Min.

1 kleineres Spitz- oder Weißkraut
Salz
1 Zwiebel oder das Grün von
2 Frühlingszwiebeln
100 ml kräftige Gemüsebrühe
1 TL scharfer Senf
2 EL Apfelessig
2 EL Öl
(z.B. Walnuss- oder Kürbiskernöl)
½–1 TL gemahlener Koriander
Pfeffer aus der Mühle
1 großer säuerlicher Apfel
2 EL Walnusskerne

Die äußeren Blätter des Krauts entfernen. Das Kraut vierteln und den harten Strunk herausschneiden. Die Krautviertel in feine Streifen schneiden. In einer Schüssel mit 1 TL Salz mischen und mit den Händen kräftig durchkneten, bis die Streifen weicher werden und glasig aussehen.

Die Zwiebel schälen und in feine Würfel schneiden oder das Zwiebelgrün in feine Ringe schneiden. Die Brühe erhitzen, die Zwiebel oder die Zwiebelringe unterrühren und den Senf, den Essig und das Öl untermischen. Das Dressing mit Salz, Koriander und Pfeffer abschmecken.

Den Apfel vierteln, schälen und das Kerngehäuse entfernen. Die Viertel mittelgrob raspeln und mit dem Kraut und dem Dressing gründlich mischen. Den Salat abschmecken. Die Walnüsse hacken und vor dem Servieren darüberstreuen.

Der Salat passt gut zu Schupfnudeln oder einem Auflauf.

Tipp Statt mit frischem Kraut schmeckt der Salat auch mit Sauerkraut sehr gut. Dann nur die Hälfte des Dressings zubereiten.

Käsesalat mit Zwiebeln

In der Schweiz und im Allgäu lässt man sich diesen Salat vor allem im Sommer schmecken. Ich habe ihn noch ein bisschen aufgepeppt. Die Südtiroler Variante mit Zwiebeln und Schüttelbrot ist auch sehr fein.

Für 4 Personen
Zubereitungszeit: 20 Min.
Ruhezeit: 40 Min.

1 milde weiße oder rote Zwiebel
Salz
1 Bund Schnittlauch
1 TL ganzer Kümmel
2 EL milder Essig (z.B. Apfelessig)
1 TL mittelscharfer Senf
Pfeffer aus der Mühle
1 EL Öl
6 EL Sahne
300 g würziger Bergkäse oder mittelalter Alpkäse

Die Zwiebel schälen, vierteln und in feine Streifen schneiden. Die Streifen mit ½ TL Salz mischen und mindestens 10 Minuten ruhen lassen, dadurch werden die Zwiebelstreifen noch milder.

Den Schnittlauch waschen, trocken schütteln und in feine Röllchen schneiden. Den Kümmel im Mörser so fein wie möglich zerdrücken.

Den Essig mit dem Senf, Kümmel und Pfeffer verrühren. Das Öl und die Sahne untermischen.

Den Käse gegebenenfalls entrinden, dann in dünne Scheiben schneiden. Den Käse mit der Zwiebel, dem Schnittlauch und der Salatsauce mischen und den Salat mindestens 30 Minuten durchziehen lassen. Eventuell noch einmal mit Salz abschmecken und servieren.

Variante Südtiroler Käsesalat Dafür nur 200 g Käse und 2 Zwiebeln nehmen. Zusätzlich 100 g Schüttelbrot in Stücke brechen und mit den restlichen Zutaten mischen. Den Salat etwa 1 Stunde durchziehen lassen, dann noch einmal durchrühren, abschmecken und servieren.

Kräuter-Blüten-Salat mit Topfenkrapfen

Kräuter und Blüten gibt es im Bergfrühling auf den Almwiesen im Überfluss. Wer keine Zeit zum Wandern und Sammeln hat, kauft gemischte Kräuter und nimmt die Blüten von Kapuzinerkresse und Gänseblümchen.

Für 4 Personen
Zubereitungszeit: 30 Min.

Für die Krapfen:
50 g Alpkäse oder reifer Bergkäse
250 g Topfen oder Speisequark
4 EL Mehl
1 Ei
Salz
Pfeffer aus der Mühle

Für den Salat:
100 g gemischte (Wild-)Kräuter (z.B. junge Brennnesselblätter, junger Sauerampfer, Minze, Giersch, Löwenzahn, Rucola)
1 Handvoll Blüten (z.B. Gänseblümchen, Rotklee und Stiefmütterchen)
1 EL Apfelessig oder Zitronensaft
Salz
Pfeffer aus der Mühle
1/2 TL flüssiger Honig (z.B. Akazienhonig)
3 EL Walnussöl

Außerdem:
3/4 l Öl zum Frittieren

Für die Krapfen den Käse gegebenenfalls entrinden und fein reiben. Den Topfen oder Quark gut abtropfen lassen und mit dem Käse, dem Mehl und dem Ei verrühren, mit Salz und Pfeffer abschmecken und zugedeckt in den Kühlschrank stellen.

Für den Salat die Kräuter vorbereiten: Brennnesselblätter auf der Arbeitsfläche ausbreiten und mit dem Nudelholz mehrmals darüberrollen, um die Brennhaare zu „besänftigen". Alle Kräuter gründlich waschen und trocken schütteln. Die Blüten nicht waschen, vom Rotklee die Blütenblätter abzupfen.

Den Essig oder Zitronensaft mit Salz, Pfeffer und dem Honig verrühren. Das Walnussöl nach und nach unterschlagen, bis eine cremige Sauce entstanden ist.

Das Öl zum Frittieren in einem weiten Topf erhitzen. Es ist heiß genug, wenn sich an einem hineingehaltenen Holzlöffelstiel Blasen bilden. Von der Topfenmasse mit zwei Teelöffeln Nocken abstechen und in 2 Portionen im Öl goldgelb frittieren. Die frittierten Krapfen mit dem Schaumlöffel herausheben und auf Küchenpapier abtropfen lassen.

Wenn alle Krapfen frittiert sind, die Kräuterblätter mit der Sauce mischen und abschmecken. Auf Teller verteilen, mit Blüten bestreuen und die Topfenkrapfen darauf anrichten. Sofort servieren.

Linsensalat mit Birne und Wacholder

Hülsenfrüchte sind ideale Zutaten für die Alpenküche, weil sie sich sehr lange lagern lassen. Diese Salatvariante mit Birnen und frischem Wacholder habe ich im Berner Oberland kennengelernt.

Für 4 Personen
Zubereitungszeit: 40 Min.
Ruhezeit: 30 Min.

250 g braune oder grüne Linsen
2 Möhren
1 große (rote) Zwiebel
1 TL Wacholderbeeren
ca. 12 Zweige (Berg-)Thymian
5 EL Öl
Salz
Pfeffer aus der Mühle
3 EL heller Essig (z.B. Apfelessig)
1/2 TL Apfel- oder Birnendicksaft
1 TL scharfer Senf
2 Birnen

Die Linsen in einem Topf gut mit Wasser bedeckt aufkochen und bei mittlerer Hitze mit halb aufgelegtem Deckel etwa 30 Minuten garen. Sie sollen weich werden, aber nicht zerfallen.

Inzwischen die Möhren und die Zwiebel schälen und in sehr feine Würfel schneiden. Die Wacholderbeeren im Mörser zerdrücken. Den Thymian waschen, trocken schütteln und die Blättchen abzupfen.

In einer Pfanne 1 EL Öl erhitzen. Die Möhren- und Zwiebelwürfel mit den Wacholderbeeren und dem Thymian dazugeben, mit Salz und Pfeffer würzen und bei mittlerer Hitze etwa 8 Minuten bissfest garen. Dabei häufig umrühren.

Den Essig mit dem Dicksaft und dem Senf sowie Salz und Pfeffer in einer großen Schüssel gründlich verrühren. Das restliche Öl mit einer Gabel nach und nach unterschlagen. Die Birnen vierteln, schälen und die Kerngehäuse entfernen. Die Viertel in knapp 1 cm große Würfel schneiden und unter die Sauce rühren.

Die Linsen in ein Sieb abgießen. Gut abtropfen und lauwarm abkühlen lassen. Mit den Gemüsewürfeln zu den Birnen geben und alle Zutaten gründlich verrühren. Eventuell noch etwas nachwürzen und den Salat vor dem Servieren mindestens 30 Minuten durchziehen lassen.

Chisciöl

Dieser dicke Pfannkuchen aus Buchweizenmehl und Käse ist eine Spezialität aus dem Veltlin. Man kann ihn – wie ich es mache – im Ganzen backen oder auch kleine Küchlein in die Pfanne setzen und backen.

Für 4 Personen
Zubereitungszeit: 25 Min.

200 g Buchweizenmehl
100 g Weizenmehl
Salz
½ l Mineralwasser (mit Kohlensäure) oder Bier
200 g mittelalter Bergkäse (noch besser: je 100 g junger und reifer Käse)
1 EL Butter
1 EL Öl

Die beiden Mehlsorten mit 2 TL Salz in einer Schüssel mischen. Das Mineralwasser oder das Bier dazugeben und alles gründlich zu einem zähflüssigen Teig verrühren.

Den Käse gegebenenfalls entrinden und in knapp 1 cm große Würfel schneiden. Unter den Teig rühren. Die Butter und das Öl in einer großen Pfanne erhitzen. Den Teig hineingeben und bei mittlerer bis starker Hitze etwa 5 Minuten zu einem Fladen backen.

Den Fladen auf einen Teller gleiten lassen, zurück in die Pfanne stürzen und nochmals etwa 5 Minuten backen. Die Chisciöl in Tortenstücke schneiden und mit Endivien- oder Feldsalat servieren.

Info So einfach die Zutaten dieser rustikalen Spezialität auch sein mögen, so beliebt ist der Buchweizenfladen in seiner Heimat. Nicht weniger als drei Orte nehmen für sich in Anspruch, die Chisciöl erfunden zu haben: Tirano, Bianzone und Sernio. Der Name soll übrigens von der französischen Quiche stammen. Dialekte machen ja vieles möglich …

Graupen-Gemüse-Salat

Vor allem in Graubünden in der Schweiz und in Südtirol kocht man gerne mit Graupen, sei es in der Suppe oder wie hier in einem Salat. Er ist eine kleine, leichte Mahlzeit.

Für 4 Personen
Zubereitungszeit: 1 Std.

125 g Graupen (Rollgerste)
Salz
250 g grüne Bohnen
einige Zweige Bohnenkraut
1 Zwiebel
1 Stück Kürbis (ca. 250 g)
1 EL Öl
2 EL Apfelessig oder Zitronensaft
1/2 TL süßer Senf oder Kastanien- bzw. Alpenrosenhonig
Pfeffer aus der Mühle
4 EL Walnussöl
1/2 Bund Schnittlauch

Die Graupen in einem Sieb kalt abspülen. In einem Topf 1 l Salzwasser aufkochen und die Graupen darin bei schwacher bis mittlerer Hitze mit geschlossenem Deckel etwa 30 Minuten bissfest garen.

Inzwischen die Bohnen putzen, waschen und je nach Größe halbieren oder dritteln. Das Bohnenkraut waschen und mit Salzwasser in einem Topf aufkochen. Die Bohnen darin 8 bis 10 Minuten bissfest garen. In ein Sieb abgießen, kalt abschrecken und abtropfen lassen.

Die Zwiebel schälen, vierteln und in feine Streifen schneiden. Die Kürbiskerne und das weiche Fruchtfleisch mit einem Löffel aus dem Kürbis schaben. Den Kürbis schälen und zuerst in knapp 1 cm dicke Scheiben, dann in ebenso breite Stifte schneiden. Das Öl in einer Pfanne erhitzen. Den Kürbis und die Zwiebel dazugeben, mit Salz würzen und bei mittlerer Hitze etwa 5 Minuten bissfest braten.

Den Essig oder Zitronensaft mit dem Senf oder dem Honig, Salz und Pfeffer verrühren. Das Walnussöl nach und nach unterschlagen. Die Graupen in ein Sieb abgießen, kalt abschrecken und abtropfen lassen. Die Graupen, die Bohnen und die Kürbismischung gut mit dem Dressing vermischen und abschmecken. Den Schnittlauch waschen, trocken schütteln und in Röllchen schneiden. Den Salat damit bestreuen und servieren.

Variante Statt Schnittlauch passen zu diesem Salat auch frittierte Brennnesselblätter. Dafür 1 Handvoll junge Blätter waschen und trocken tupfen. Etwa 1/4 l Öl in einem Topf erhitzen. Das Öl ist heiß genug, wenn sich an einem hineingehaltenen Holzlöffelstiel Blasen bilden.

Die Brennnesselblätter darin in 2 Portionen knusprig frittieren, mit dem Schaumlöffel herausheben und auf Küchenpapier abtropfen lassen. Die frittierten Blätter mit Salz würzen und auf den Salat streuen.

Kräuter-Alpkäse-Frittata

Manch ein Älpler nimmt außer den Kühen oder Ziegen auch ein paar Hühner mit auf die Alp. Und kann dann mit den Eiern vor Ort eine saftige Frittata zubereiten.

Für 3–4 Personen als Hauptgericht oder für 6–8 Personen als Snack
Zubereitungszeit: 20 Min.
Backzeit: 20 Min.

150 g gemischte (Wild-)Kräuter (z.B. Löwenzahn, Schnittlauch, Sauerampfer, Brennnesseln, Ringelblumenblätter und -blüten)
1 Zwiebel
2 Knoblauchzehen
20 g Butter
Salz
Pfeffer aus der Mühle
150 g Alpkäse
6 Eier

Die Kräuter verlesen, waschen und gut trocken schütteln, grobe Stiele entfernen und die Kräuter hacken. Falls verwendet, von den Ringelblumenblüten die Blütenblätter abzupfen. Die Zwiebel und den Knoblauch schälen und in feine Würfel schneiden.

In einer Pfanne 1 EL Butter erhitzen und die Zwiebel und den Knoblauch darin unter Rühren 1 bis 2 Minuten braten. Die Kräuter untermischen und kurz zusammenfallen lassen. Mit Salz und Pfeffer würzen.

Den Backofen auf 180 °C vorheizen. Eine runde ofenfeste Form mit der restlichen Butter einfetten.

Den Käse gegebenenfalls entrinden und in kleine Würfel schneiden. Die Eier mit einer Gabel leicht verquirlen. Die Kräutermischung und den Käse unter die Eier rühren und alles mit Salz und Pfeffer abschmecken.

Die Mischung in die vorbereitete Form geben und im Ofen auf der mittleren Schiene etwa 20 Minuten backen, bis die Eiermasse gestockt und leicht gebräunt ist. Die Frittata herausnehmen, in Stücke schneiden, aus der Form heben und sofort servieren.

Variante Pilzfrittata – Dafür 250 g Pilze (Steinpilze, Pfifferlinge oder Egerlinge) putzen und in Würfel schneiden. In 1 EL Öl oder Butter unter Rühren etwa 5 Minuten braten. Mit Salz und Pfeffer würzen und anstelle der Kräuter unter die Eier-Käse-Mischung rühren. Die Pilzfrittata wie oben beschrieben backen.

Info – Was unterscheidet Alpkäse und Bergkäse? Wenn die Kühe im Sommer auf die Alp getrieben werden, grasen sie für ein paar Monate auf saftigen Wiesen und werden in der Regel einmal am Tag gemolken. Wird aus der Milch direkt auf der Alp Käse gemacht und bleibt er die Sommermonate auch zum Reifen in der Höhe, heißt der Käse Alpkäse. Als der beste gilt der aus der Juni- und Julimilch, denn dann ist die Vegetation auf den Wiesen ganz besonders üppig und vielfältig.

Wird die Milch hingegen ins Tal gebracht und dort verkäst, kommt ein Bergkäse in den Handel. Beide bekommen Sie in gut sortierten Käseläden in unterschiedlichen Altersstufen.

Aus dem
SUPPENTOPF

Kalte Kräuter-Topfen-Suppe

Auch in alpinen Höhen kann es im Sommer manchmal recht heiß werden. Dann ist diese erfrischende Suppe eine angenehm leichte Mahlzeit.

Für 4 Personen
Zubereitungszeit: 30 Min.
Kühlzeit: mindestens 1 Stunde

4 Scheiben Bauernbrot (ca. 120 g)
100 g gemischte Kräuter (z.B. Sauerampfer, Brennnesseln, Ringelblumenblätter, Schnittlauch und Spitzwegerich)
300 g Buttermilch
300 g Topfen oder Speisequark
2 EL Zitronensaft
1 TL Honig
1 EL Nussöl (z.B. Walnussöl)
Salz
Pfeffer aus der Mühle
2 Knoblauchzehen
20 g Butter
Blüten zum Garnieren (z.B. von Rotklee)

Die Hälfte des Brotes in eine Schüssel legen, mit lauwarmem Wasser übergießen und einweichen.

Die Kräuter waschen, trocken schütteln und grobe Stiele entfernen. Die Kräuter fein hacken. Das Brot gut ausdrücken.

Die Kräuter mit dem Brot, der Buttermilch, dem Topfen oder Quark, dem Zitronensaft, dem Honig und dem Öl im Mixer so fein wie möglich pürieren. Die Suppe mit Salz und Pfeffer abschmecken und zugedeckt mindestens 1 Stunde in den Kühlschrank stellen.

Den Knoblauch schälen. Das restliche Brot in kleine Würfel schneiden. Die Butter in einer Pfanne erhitzen und die Brotwürfel darin unter Rühren knusprig braten. Den Knoblauch dazupressen und gut unterrühren. Die Pfanne vom Herd nehmen und die Brotwürfel mit Salz würzen.

Die Suppe noch einmal durchrühren und auf tiefe Teller oder Gläser verteilen. Die Brotwürfel daraufgeben. Die Suppe mit Blüten garnieren und sofort servieren.

Bayerische Brotsuppe

Normalerweise wird diese Suppe so lange gekocht, bis das Brot zerfällt. Diese Variante ist moderner und schmeckt mir besser, weil man noch erkennt, was man isst.

Für 4 Personen
Zubereitungszeit: 35 Min.

125 g altbackenes Bauernbrot
2 große Zwiebeln
1 Knoblauchzehe
1 Handvoll Kräuter und Blüten
2 EL Butterschmalz
1 l Gemüsebrühe (nach Belieben etwa 1/4 l durch Bier ersetzen)
Salz
Pfeffer aus der Mühle
1 TL Paprikapulver (edelsüß)
1 Eigelb
2 EL Sahne

Das Brot in kleine Würfel schneiden. Die Zwiebeln und den Knoblauch schälen und in feine Würfel schneiden. Die Kräuter waschen, trocken schütteln und grobe Stiele entfernen. Die Blüten abzupfen, zum Garnieren beiseitelegen und die Kräuter fein hacken. Etwa 1 EL zum Garnieren beiseitelegen.

In einem großen Topf 1 EL Butterschmalz erhitzen, gut die Hälfte der Brotwürfel darin unter Rühren knusprig anbraten, wieder herausnehmen und in eine Suppenschüssel geben.

Das restliche Butterschmalz im Topf erhitzen. Die Zwiebel, den Knoblauch und die Kräuter darin andünsten. Die übrigen Brotwürfel dazugeben und kurz mit andünsten. Die Brühe angießen und aufkochen.

Die Suppe mit Salz, Pfeffer und Paprikapulver abschmecken und offen etwa 5 Minuten köcheln lassen. Das Eigelb mit der Sahne verrühren. Den Topf vom Herd nehmen und die Eigelbsahne einrühren.

Die Suppe nochmals abschmecken und in die Suppenschüssel füllen. Mit den restlichen Kräutern und den Blüten garnieren und servieren.

Variante: Italienische Brot-Käse-Suppe mit Wildkräutern Dafür 500 g gemischte (Wild-)Kräuter (in Italien vor allem raperonzoli, eine Art Glockenblume) verlesen, grobe Stiele entfernen und die zarten Stiele und Blätter gründlich waschen. In einem Topf reichlich Salzwasser aufkochen und die Kräuter darin je nach Sorte 2 bis 5 Minuten blanchieren und zusammenfallen lassen. In ein Sieb abgießen, kalt abschrecken, abtropfen lassen und grob hacken. 200 g Fontina in kleine Würfel und 200 g altbackenes Weißbrot in dünne Scheiben schneiden.

Brot, Kräuter, Fontina und etwa 40 g geriebenen Parmesan nacheinander in eine runde, hohe ofenfeste Form schichten. Vorsichtig 1 l Gemüsebrühe angießen und 2 EL geriebenen Parmesan daraufstreuen. 20 g Butter in Würfel schneiden und auf der Oberfläche verteilen. Die Suppe im Backofen auf der mittleren Schiene bei 120 °C etwa 2 Stunden garen. Herausnehmen, 10 bis 15 Minuten ruhen lassen und dann servieren.

Spinatknödelsuppe

Hier kommen die beliebten Südtiroler Spinatknödel mal im Miniformat in die Suppe. Wer sie als Hauptgericht servieren möchte, macht die doppelte Knödelmenge, formt sie größer und lässt sie 15 Minuten gar ziehen. Dann mit brauner Butter und geraspeltem Käse servieren.

Für 4 Personen
Zubereitungszeit: 40 Min.

100 g altbackene Semmeln
75 ml Milch
350 g Blattspinat
Salz
1 Zwiebel
2 Knoblauchzehen
1 EL Butter
2 EL geriebener Alpkäse oder reifer Bergkäse
1 Ei
2 EL Mehl
Pfeffer aus der Mühle
frisch geriebene Muskatnuss
1 l Gemüsebrühe

Zum Servieren:
Alpkäse oder reifer Bergkäse (am Stück)

Die Semmeln in etwa 1 cm große Würfel schneiden und in eine Schüssel geben. Die Milch leicht erwärmen und darübergießen. Die Semmeln einweichen, bis die restlichen Zutaten vorbereitet sind.

Den Spinat verlesen und waschen, grobe Stiele entfernen. Ein paar Blätter beiseitelegen. In einem Topf reichlich Salzwasser aufkochen und den Spinat darin 2 Minuten blanchieren und zusammenfallen lassen. In ein Sieb abgießen, kalt abschrecken und abtropfen lassen. Mit den Händen sehr gut ausdrücken und fein hacken.

Die Zwiebel und den Knoblauch schälen und in feine Würfel schneiden. Die Butter in einer Pfanne erhitzen und die Zwiebel und den Knoblauch darin bei mittlerer Hitze unter Rühren 2 bis 3 Minuten dünsten, mit Salz würzen.

Den Spinat und die Zwiebelmischung mit dem geriebenen Käse, dem Ei und dem Mehl zum Brot in die Schüssel geben, mit Salz, Pfeffer und Muskatnuss würzen und gut durchkneten, bis die Masse bindet. Aus dem Semmelteig 12 kleine Knödel formen.

In einem großen Topf reichlich Salzwasser aufkochen und die Knödel in siedendem Wasser etwa 10 Minuten gar ziehen lassen.

Kurz vor Ende der Garzeit die Brühe erhitzen und mit Salz und Pfeffer abschmecken. Die beiseitegelegten Spinatblätter in der Brühe zusammenfallen lassen. Die Knödel mit dem Schaumlöffel aus dem Wasser heben, in die Brühe geben und kurz ziehen lassen. Die Suppe auf tiefe Teller verteilen und vor dem Servieren etwas Käse darüberhobeln.

Wildkräutersuppe mit Schüttelbrot

Eine feine und gesunde Kräutersuppe gehört einfach zum Almfrühling. Und wird in Südtirol mit Schüttelbrot, in Bayern mit Brotbröckerln, gerösteten Semmelwürfeln, und in der Schweiz mit knusprigen Roggenbrotstückchen serviert.

Für 4 Personen
Zubereitungszeit: 30 Min.

150 g gemischte Wildkräuter (z.B. Bärlauch, Sauerampfer, Brennnesseln, Giersch, Guter Heinrich)
1 große Zwiebel
20 g Butter
2 EL Mehl
1 l Gemüsebrühe
1 Schüttelbrot
100 g Sahne
Salz
Pfeffer aus der Mühle
frisch geriebene Muskatnuss oder gemahlener Kümmel

Die Kräuter verlesen, waschen, trocken schütteln und grobe Stiele entfernen. Die Kräuter fein hacken. Gut 1 EL der Kräutermischung zugedeckt beiseitestellen. Die Zwiebel schälen und in feine Würfel schneiden.

Die Butter in einem großen Topf erhitzen und die Zwiebel darin andünsten. Das Mehl darüberstäuben und unter Rühren hellgelb anschwitzen. Die Brühe unter kräftigem Rühren dazugießen und die Suppe offen bei mittlerer Hitze etwa 10 Minuten sämig einköcheln lassen.

Inzwischen das Brot in kleine Stücke brechen. Die Kräuter und die Sahne unter die Suppe rühren und kräftig aufkochen, bis die Kräuter zusammenfallen. Die Suppe mit Salz, Pfeffer und 1 Prise Muskatnuss oder Kümmel abschmecken und auf tiefe Teller verteilen. Die beiseitegelegten Kräuter und die Brotstückchen daraufstreuen und die Suppe sofort servieren.

Info Wie viele Brote der Alpen ist auch das Schüttelbrot ein würziges Brot aus Roggenmehl, das sehr lange haltbar ist. Ideal für die Alpenbewohner, die den Brotbackofen früher nur ein paarmal im Jahr anfeuerten. Gewürzt wird es mit Kümmel, Fenchel und Koriander, und es sollte möglichst dünn und schön knusprig sein. Bringen Sie sich unbedingt einen Vorrat aus Südtirol mit nach Hause, das Brot ist bis zu 1 Jahr haltbar.

Kaspressknödel-Suppe

In Tirol und Südtirol werden die Kaspressknödel auch gern mit Graukäse zubereitet, einem fettarmen Sauermilchkäse, der ziemlich säuerlich schmeckt. Wer ihn bekommt, kann den Bergkäse zur Hälfte durch Graukäse ersetzen.

Für 4 Personen
Zubereitungszeit: 50 Min.

Für die Brühe:
10 g getrocknete Steinpilze
1 Zwiebel
4 EL getrocknetes Bergwiesenheu (ersatzweise getrocknete gemischte Kräuter und Blüten, z.B. Ringelblumen, (Berg-)Thymian, Majoran, Minze, Rotklee etc.)
Salz

Für die Knödel:
200 g altbackene Semmeln oder altbackenes Mischbrot
200 ml Milch
1 Zwiebel
20 g Butter
200 g würziger Bergkäse
1 Bund Wild- oder Gartenkräuter
2 Eier
Salz
Pfeffer aus der Mühle
frisch geriebene Muskatnuss
2 EL Öl

Außerdem:
1 Bund Schnittlauch

Für die Brühe die Steinpilze in einer Schüssel etwa 30 Minuten in 1/4 l lauwarmem Wasser einweichen. Dann die Pilze abgießen. Das Einweichwasser durch einen Kaffeefilter gießen und auffangen. Die Zwiebel schälen und achteln.

Das Pilzeinweichwasser, die Zwiebel und das Bergwiesenheu mit 3/4 l Wasser aufkochen und bei schwacher Hitze etwa 15 Minuten köcheln lassen. Dann durch ein Sieb gießen und mit Salz abschmecken. Die Steinpilze nach Belieben in Streifen schneiden und unter die Brühe mischen.

Für die Knödel die Semmeln oder das Brot in kleine Würfel schneiden und in eine Schüssel legen. Die Milch lauwarm erhitzen und darübergießen. Die Semmeln etwa 30 Minuten einweichen.

Inzwischen die Zwiebel schälen und in feine Würfel schneiden. In einer Pfanne 1 EL Butter erhitzen und die Zwiebel darin andünsten. Vom Herd nehmen.

Den Käse gegebenenfalls entrinden und in kleine Würfel schneiden. Die Kräuter waschen und trocken schütteln, die Blättchen abzupfen und fein hacken. Die Zwiebel, den Käse, die Kräuter und die Eier zu den eingeweichten Semmeln geben. Alles mit Salz, Pfeffer und Muskatnuss würzen und so lange kräftig durchkneten, bis man einen gebundenen Teig erhält. Aus dem Teig 8 Knödel formen und diese flach drücken.

Das Öl und die restliche Butter in der Pfanne erhitzen. Die Kaspressknödel darin bei mittlerer Hitze auf jeder Seite etwa 5 Minuten goldbraun braten.

Inzwischen die Brühe wieder erhitzen. Den Schnittlauch waschen, trocken schütteln und in feine Röllchen schneiden.

Die Kaspressknödel auf tiefe Teller verteilen, mit heißer Brühe übergießen, mit dem Schnittlauch bestreuen und sofort servieren.

Buttermilchsuppe mit Enzian und Gemüsestreifen

Suppen aus Buttermilch, Dickmilch oder auch Quark oder Topfen hat man auf den Almen früher gerne als Frühstück zubereitet. Ich verfeinere sie mit Enzian und knusprig gebratenem Gemüse.

Für 4 Personen
Zubereitungszeit: 35 Min.

1 gegarte Kartoffel (ca. 100 g)
1 Zwiebel
20 g Butterschmalz
800 g Buttermilch
5 EL Enzianschnaps (ersatzweise Wasser)
1 EL Mehl
Salz
Pfeffer aus der Mühle
200 g Gemüse (z.B. Rote Bete, Möhren oder/und Knollensellerie)
1 TL ganzer Kümmel
100 g Sahne
Kräuterblättchen oder -blüten zum Garnieren

Die Kartoffel pellen und auf der Rohkostreibe reiben. Die Zwiebel schälen und in feine Würfel schneiden.

In einem großen Topf 1 EL Butterschmalz erhitzen und die Zwiebelwürfel darin andünsten. Die Kartoffel dazugeben und kurz mitdünsten. Die Buttermilch dazugießen und erhitzen. Den Enzianschnaps gut mit dem Mehl verrühren und unter die Suppe rühren. Die Suppe mit Salz und Pfeffer abschmecken und offen bei mittlerer Hitze etwa 10 Minuten köcheln lassen.

Inzwischen das Gemüse schälen und zuerst in dünne Scheiben, dann in feine Streifen schneiden. Das restliche Butterschmalz in einer Pfanne erhitzen und die Gemüsestreifen hinzufügen. Den Kümmel dazugeben. Die Gemüsestreifen mit Salz würzen und unter Rühren bei mittlerer Hitze etwa 5 Minuten bissfest braten.

Die Sahne steif schlagen. Die Buttermilchsuppe mit Salz und Pfeffer abschmecken. Die Sahne unterziehen und die Suppe auf tiefe Teller verteilen. Mit den Gemüsestreifen und Kräuterblättchen oder -blüten garnieren und sofort servieren.

Älplersuppe

In den Schweizer Alpen kommt so manche Zutat in diese kräftige Suppe. Zwiebeln, Kartoffeln, Rahm und Käse sind aber auf jeden Fall mit von der Partie. Anstelle von Kartoffeln – aber auch zusätzlich – schmecken Brot, Gemüse oder Reis in der Suppe.

Für 4 Personen
Zubereitungszeit: 25 Min.

1 Zwiebel
2 Knoblauchzehen
1 große Handvoll Bergkräuter (z.B. Schnittlauch, (Berg-)Thymian, Spitzwegerich und Sauerampfer)
500 g festkochende Kartoffeln
20 g Butter
1 l Gemüsebrühe
150 g Alpkäse
100 g Sahne
Salz
Pfeffer aus der Mühle

Die Zwiebel und den Knoblauch schälen und in feine Würfel schneiden. Die Kräuter waschen, trocken schütteln und grobe Stiele entfernen. Die Kräuter fein hacken. Etwa 1 EL davon beiseitelegen. Die Kartoffeln schälen, waschen und in kleine Würfel schneiden.

Die Butter in einem großen Topf erhitzen und die Zwiebel und den Knoblauch darin andünsten. Die Kartoffeln und die Kräuter dazugeben und kurz mit andünsten.

Die Brühe dazugießen und aufkochen. Die Kartoffeln mit geschlossenem Deckel bei mittlerer Hitze etwa 10 Minuten weich köcheln.

Inzwischen den Käse gegebenenfalls entrinden und fein reiben. Die Sahne unter die Suppe rühren. Bei schwacher Hitze nach und nach unter Rühren den Käse dazugeben und schmelzen lassen. Die Suppe mit Salz und Pfeffer abschmecken und mit den restlichen Kräutern bestreut servieren.

Variante Allgäuer Käsesuppe Dafür 1 große Zwiebel schälen und in feine Würfel schneiden. In einem großen Topf 20 g Butter erhitzen und die Zwiebel darin andünsten. 600 ml Gemüsebrühe und 100 ml trockenen Weißwein dazugießen und aufkochen. Die Suppe offen etwa 5 Minuten köcheln lassen.

Inzwischen 200 g Alpkäse gegebenenfalls entrinden und fein reiben. Mit je 150 g saurer und süßer Sahne zur Suppe geben und unter Rühren darin schmelzen. Die Suppe mit Salz, Pfeffer und Muskatnuss abschmecken. 2 Scheiben dunkles Brot in Würfel schneiden und in etwas Butter goldbraun rösten. Die Suppe auf tiefe Teller verteilen und mit den Brotwürfeln bestreut servieren.

HUBSI

der Enzianbrenner

Was macht ein echter Berchtesgadener Bub von 15 Jahren in den Schulferien? Daheim rumsitzen? Sicher nicht! Job suchen? Schon eher, aber dann auf jeden Fall was Ordentliches. Vor allem, wenn er so unternehmungslustig und naturverbunden ist wie Hubert oder Hubsi, wie er von den meisten genannt wird. So sagte er sofort Ja zum Angebot, in die Berge zu gehen und Enzianwurzeln auszugraben. „Mir taugten die körperliche Arbeit, die Bewegung in der freien Natur und das einfache Leben auf der Hütte."

Die Ferien und damit auch der Job waren wie immer im Nu vorüber und Hubsi wieder daheim im Tal. Das Wurzengraben und Enzianbrennen nach dieser schönen Erfahrung zum Beruf zu machen kam ihm damals aber trotzdem nicht in den Sinn. Eine Lehrstelle als Zimmerer war seine erste Wahl.

Die Arbeit mit Holz fiel ihm leicht und machte ihm Spaß. Und brachte ihn schließlich doch wieder zum Ursprung zurück. Heute ist Hubsi Brenner, genauer gesagt Bergbrenner, und das als Einziger im Berchtesgadener Land. Auf vier unterschiedlichen Hütten gräbt er Enzian- und Meisterwurz und brennt daraus seine wunderbar reintönigen Schnäpse. Hier schlägt sein Herz, und das merkt man bei jedem Schluck. Und niemand kann so begeistert davon erzählen wie er. Auf bairisch natürlich, und der Wanderer hört ihm fasziniert zu, egal ob er ein Wort versteht oder nicht. Die Kostprobe, die im Brunnen vor der Hütte gut gekühlt bereitsteht, überzeugt ihn auf jeden Fall. Wenn dann der Abend über die Hütte sinkt, sitzt Hubsi manchmal allein, meist aber mit Freunden um den Tisch und erzählt oder holt seine Posaune hervor und musiziert. Sicher ist eines: Die Stamperl bleiben dabei nie leer.

Die Brennerei Grassl hat als einzige Firma das Grab- und Brennrecht für den Enzian, und ihr gehören auch die Brennhütten. Sie liegen zwischen 1000 und 1600 Meter Höhe, sind alle aus Holz gebaut und das ganze Jahr über der Witterung ausgesetzt. Klar, dass es fast immer irgendwo etwas zu reparieren oder zu ersetzen gibt. Mit dem Brenner Hubsi, der obendrein noch Zimmermann ist, hat Grassl auf jeden Fall das große Los gezogen. Die Brennrechte sind schon uralt und gehen zurück auf den Gastwirt Sylvest Grassl, dem sie um 1692 erteilt wurden. Dazu gab's auch gleich das Holzrecht, ohne das sich das Brennen auf der Hütte nicht lohnen würde. Holz zu kaufen und hinaufzutransportieren wäre nicht nur aufwendig, sondern auch schlichtweg viel zu teuer.

Damals wie heute braucht es für den berühmten Bergschnaps außer den Enzianwurzeln nur sauberes Wasser und Holz, beides ist am Berg ausreichend vorhanden. Hier im Berchtesgadener Land zählt vor allem der Punktierte, der Pannonische Enzian mit den purpurnen bis rötlichen Blüten. Im Gebiet der Brennhütten wächst er immer wieder nach, vorausgesetzt, man lässt den Pflanzen zwischendurch ausreichend Ruhe. Zum Glück schmeckt er den Kühen, die im Sommer auf den Almwiesen grasen, absolut nicht!

Und damals wie heute werden die Wurzeln von den Wurzengrabern mit Spezialhacken von Hand und mit viel Muskelkraft ausgegraben. Nur die oberen Wurzelstöcke nehmen die Männer aus der Erde. Gleich anschließend wird die Grasnarbe sorgfältig verschlossen, damit die Pflanze keinen Schaden nimmt. Schon bei der „Ernte" werden die Wurzeln von möglichst viel Erde und dem Grün befreit und kommen dann in den Sack. Um die 30 Kilogramm schafft ein Wurzengraber durchschnittlich pro Tag (momentan liegt Hubsis Rekord bei knapp 100 Kilogramm!). Und diese Beute muss er in der Regel mit der Kopfkraxe, bei gängigem Gelände auch mit der „Radltruh", Schubkarre, zur Brennhütte transportieren.

Ist schon das Ausgraben eine kraftraubende Sache, geht es in der Brennhütte nicht weniger anstrengend weiter. Zunächst kommen die Wurzeln im mit Steinen leicht aufgestauten Bach ins Reinigungsbad, danach müssen sie möglichst klein gehackt werden. Es dauert Stunden, bis die Korngröße stimmt. Das Ganze wandert dann mit Hefe in den Bottich und gärt dort etwa drei Wochen, bevor es zweimal gebrannt wird.

Wie er das alles gelernt habe, wollen wir von Hubsi wissen. Vor allem von seinem Vorgänger, aber auch bei einem Vergärungskurs und vom Destillationsmeister im Tal. Und indem er es einfach immer wieder gemacht hat. Heute, sagt er, brennt er mit den Augen, mit der Nase und sogar mit den Ohren.

Übrigens schmeckt der fertige Enzian viel feiner als vermutet, gilt er doch als recht herb. Wenn man einen solchen erwischt, liegt das an der Herstellung, meint Hubsi. Beim Brennen verlieren die Wurzeln nämlich eigentlich die bittere Note. Wenn man aber einfach Branntwein nimmt und diesen mit der Wurzel lediglich aromatisiert, gibt sie die Bitterstoffe an ihn ab. Gewöhnen muss man sich trotzdem ein bisschen an den starken Geschmack des Bergenzians. „Na ja, die erste Olive meines Lebens hat mir auch nicht geschmeckt", meint Hubsi dazu.

Graupensuppe mit Kümmelrahm

Graupen isst man in Tirol ebenso gern wie in Südtirol, in der Schweiz oder im Veltlin. In vielen Originalrezepten wird die Suppe mit einem Schinkenknochen oder mit Speck gekocht. Das ist natürlich fein, aber auch mit Gemüse schmeckt sie wunderbar.

Für 4 Personen
Zubereitungszeit: 1 Std. 10 Min.

10 g getrocknete Steinpilze
1 Zwiebel
1 Möhre
1 Stück Knollensellerie (ca. 150 g)
1 festkochende Kartoffel
20 g Butter
100 g Graupen (Rollgerste)
1 l Gemüsebrühe
2 TL ganzer Kümmel
150 g saure Sahne
Salz
Pfeffer aus der Mühle

Die Steinpilze in einer Schüssel etwa 30 Minuten in ¼ l lauwarmem Wasser einweichen. Inzwischen die Zwiebel, die Möhre, den Sellerie und die Kartoffel schälen und in feine Würfel schneiden. Die Pilze abtropfen lassen und fein schneiden. Das Einweichwasser durch einen Kaffeefilter gießen und auffangen.

Die Butter in einem großen Topf erhitzen und das Gemüse, die Zwiebel und die Pilze darin unter Rühren andünsten. Die Graupen dazugeben und gut unterrühren.

Das Pilzeinweichwasser und die Brühe dazugießen und aufkochen. Die Graupen mit halb aufgelegtem Deckel bei mittlerer Hitze etwa 30 Minuten weich köcheln lassen.

Inzwischen den Kümmel in einer kleinen Pfanne leicht anrösten, dann im Mörser so fein wie möglich zerstoßen. Die saure Sahne mit Salz, Pfeffer und dem Kümmel verrühren.

Die Suppe mit Salz und Pfeffer abschmecken. Auf tiefe Teller verteilen, mit je 1 Klecks Kümmelrahm garnieren und sofort servieren.

Südtiroler Weinsuppe

Vor allem der Südtiroler Weißwein gilt mittlerweile als einer der besten Italiens. Grund genug, ihn auch mal in einer Suppe zu verarbeiten, ich mache das, wenn ein Rest in der Flasche geblieben ist.

Für 4 Personen
Zubereitungszeit: 25 Min.

2 Scheiben Bauernbrot
20 g Butter
Salz
½ l Gemüsebrühe
¼ l aromatischer Südtiroler Weißwein (Sauvignon oder Gewürztraminer)
1 TL Speisestärke
4 Eigelb
200 g Sahne
Pfeffer aus der Mühle
frisch geriebene Muskatnuss
¼ TL Zimtpulver
1 kleine Handvoll Bärlauch oder 2 TL Majoranblättchen

Das Brot entrinden und in Würfel schneiden. Die Butter in einer Pfanne erhitzen und die Brotwürfel darin bei mittlerer Hitze unter Rühren knusprig braten. Mit Salz würzen und beiseitestellen.

Die Brühe und den Wein mit der Speisestärke in einem großen Topf gut verrühren und aufkochen. Die Eigelbe in einer Schüssel mit der Sahne verquirlen und 1 bis 2 EL heiße Suppe kräftig unterrühren.

Die Hitze reduzieren und die Eigelbsahne unter die Suppe rühren. Unter Rühren noch ein paar Minuten erhitzen, bis sie sämig wird, aber keinesfalls kochen lassen. Die Suppe mit Salz, Pfeffer, Muskatnuss und Zimt abschmecken.

Den Bärlauch verlesen, waschen und fein hacken. Die Suppe auf tiefe Teller verteilen, mit Brotwürfeln und Bärlauch oder Majoranblättchen garnieren und sofort servieren.

Info Der Wein gibt der Suppe ihren ganz besonderen Geschmack. Die Säure im Wein kann aber auch mal dazu führen, dass die Sahne gerinnt. Die Sahne muss also sehr frisch sein, und die Suppe darf nach dem Einrühren der Eigelbsahne auf keinen Fall mehr kochen!

Bärlauchsuppe mit Graupennockerln

Die Nockerl liebt man von Vorarlberg und Tirol bis Südtirol und richtet sie dort gern in einer Käse- oder Weinsuppe an. Außerhalb der Bärlauchsaison schmeckt sie auch mit anderen (Wild-)Kräutern wie Brennnesseln, Borretsch oder Sauerampfer und Löwenzahn gut.

Für 4 Personen
Zubereitungszeit: 1 Std.

Für die Nockerl:
50 g Graupen (Rollgerste)
Salz
1 Stück Knollensellerie (ca. 100 g)
2 Scheiben altbackenes Weißbrot
40 g Butter
1 Eigelb
50 g Topfen oder Speisequark
1 EL Mehl (15 g)

Für die Suppe:
200 g Bärlauch
1 Zwiebel
1 EL Butter
2 EL Mehl
1 l Gemüsebrühe
100 g Sahne
Salz
Pfeffer aus der Mühle

Für die Nockerl die Graupen in einem Topf mit Salzwasser aufkochen und etwa 20 Minuten garen. Den Sellerie schälen, in kleine Würfel schneiden und dazugeben. Beides nochmals etwa 10 Minuten weich garen, in ein Sieb abgießen, abtropfen und abkühlen lassen.

Das Brot entrinden, in kleine Würfel schneiden und in eine Schüssel legen. Mit lauwarmem Wasser begießen, sodass es bedeckt ist, und einweichen. Die Butter schaumig rühren. Das Eigelb, den Topfen oder Quark und das Mehl dazugeben. Das Brot ausdrücken, fein zerpflücken und unter die Buttermischung rühren. Die Graupen und den Sellerie dazugeben und alles mit Salz abschmecken.

In einem Topf reichlich Salzwasser aufkochen. Die Graupenmasse mit angefeuchteten Händen zu etwa tischtennisballgroßen Nockerln formen und in siedendem Wasser etwa 15 Minuten gar ziehen lassen.

Für die Suppe den Bärlauch waschen, trocken schütteln und hacken. Die Zwiebel schälen und in feine Würfel schneiden. Die Butter in einem großen Topf erhitzen und die Zwiebel darin andünsten. Das Mehl darüberstäuben und unter Rühren hellgelb anschwitzen. Die Brühe dazugießen und aufkochen. Die Suppe etwa 10 Minuten köcheln lassen.

Den Bärlauch dazugeben und zusammenfallen lassen. Die Suppe mit dem Stabmixer im Topf fein pürieren, die Sahne untermischen und die Suppe mit Salz und Pfeffer abschmecken. Die Suppe auf tiefe Teller verteilen, die Graupennockerl mit dem Schaumlöffel aus dem Wasser heben, gut abtropfen lassen und in die Suppe legen. Die Suppe sofort servieren.

Info Bärlauch soll Arterienverkalkung, hohem Blutdruck und einem erhöhten Cholesterinspiegel entgegenwirken und generell die Frühjahrsmüdigkeit vertreiben. Es wird immer wieder darauf hingewiesen, dass er leicht mit dem giftigen Maiglöckchen und der Herbstzeitlosen zu verwechseln ist. Am feinen Knoblauchduft und den gestielten Blättern kann man ihn aber eigentlich gut erkennen.

Maronicremesuppe mit gebratenen Pilzen

Wenn die Edelkastanien im Herbst Saison haben – vor allem in Südtirol, in Tirol und im Tessin –, gart man sie am besten selbst für die Suppe (siehe Seite 113). Oder lässt sie sich frisch aus dem Ofen mit einem Glas Wein schmecken.

Für 4 Personen
Zubereitungszeit: 40 Min.

1 Möhre
1 Stück Knollensellerie (ca. 150 g)
1 Zwiebel
2 Knoblauchzehen
250 g gegarte geschälte Maronen (selbst gemacht oder vakuumverpackt)
40 g Butter
1 l Gemüsebrühe
Salz
Pfeffer aus der Mühle
frisch geriebene Muskatnuss
300 g Steinpilze oder Egerlinge
½ Bund Petersilie
100 g Sahne
1–2 EL Zitronensaft

Die Möhre und den Sellerie schälen und in kleine Würfel schneiden. Die Zwiebel und den Knoblauch schälen und in feine Würfel schneiden. Die Maronen in kleine Stücke schneiden.

In einem großen Topf 20 g Butter erhitzen. Die Gemüsewürfel, die Zwiebel und den Knoblauch darin unter Rühren andünsten. Die Maronen kurz mitdünsten, dann die Brühe dazugießen und aufkochen. Alles mit Salz, Pfeffer und Muskatnuss würzen und mit geschlossenem Deckel bei schwacher Hitze etwa 20 Minuten bissfest garen.

Inzwischen die Pilze putzen und mit Küchenpapier trocken abreiben. Die Pilze in dünne Scheiben schneiden, große Scheiben halbieren. Die Petersilie waschen und trocken schütteln, die Blätter abzupfen und fein hacken.

Die restliche Butter in einer Pfanne erhitzen und die Pilze darin unter Rühren bei mittlerer bis starker Hitze einige Minuten schön braun braten. Die Petersilie untermischen und die Pilze mit Salz und Pfeffer würzen.

Die Suppe im Topf mit dem Stabmixer pürieren und die Sahne untermischen. Die Suppe mit dem Zitronensaft, Salz und Pfeffer abschmecken und auf tiefe Teller verteilen. Mit den Pilzscheiben garnieren und sofort servieren.

Gemischte Gemüse mit Fontina

Dieser Gemüsetopf kommt aus dem Aostatal, wo er mit dem Gemüse zubereitet wird, das gerade Saison hat. So schmeckt er auch mit Wintergemüse wie Kohl, Rüben und Topinambur sehr gut.

Für 4 Personen
Zubereitungszeit: 1 Std.

500 g frische Borlottibohnen (ersatzweise 200 g gegarte Bohnen aus der Dose)
1 Stange Lauch
1 Zwiebel
300 g vorwiegend festkochende Kartoffeln
2 Möhren
1 Stück Knollensellerie (ca. 200 g)
300 g Mangoldblätter, Blattspinat oder gemischte Wildkräuter
250 g Tomaten (ersatzweise stückige Tomaten aus der Dose)
20 g Butter
Salz
ca. 1/2 l Gemüsebrühe
Pfeffer aus der Mühle
1/2 Bund (Berg-)Thymian
150 g Fontina

Die Bohnen aus den Hülsen lösen und in kochendem Wasser 10 Minuten blanchieren. In ein Sieb abgießen, kalt abschrecken und abtropfen lassen. (Gegarte Bohnen aus der Dose in ein Sieb gießen, gründlich abbrausen und erst zum Schluss dazugeben.)

Den Lauch putzen, waschen und in dünne Ringe schneiden, die Zwiebel schälen und in feine Würfel schneiden. Die Kartoffeln, die Möhren und den Sellerie schälen und in 1 cm große Würfel schneiden. Den Mangold oder Spinat waschen, abtropfen lassen und fein hacken.

Die Tomaten mit kochendem Wasser überbrühen, 30 Sekunden ziehen lassen, kalt abschrecken und häuten. Dann in kleine Würfel schneiden.

Die Butter in einem großen Topf erhitzen. Den Lauch und die Zwiebel darin bei mittlerer Hitze etwa 2 Minuten unter Rühren andünsten. Die Kartoffeln und die blanchierten Borlottibohnen dazugeben und 3 bis 4 Minuten dünsten. Die Möhren und den Sellerie 2 Minuten mitdünsten. Den Mangold oder Spinat dazugeben. Das Gemüse mit Salz würzen und etwa 4 Minuten garen, dabei häufig umrühren.

Die Brühe dazugießen, das Gemüse mit Pfeffer würzen und mit geschlossenem Deckel 10 bis 12 Minuten garen, bis die Kartoffeln und die Bohnen gar sind. Dabei ab und zu umrühren und bei Bedarf noch etwas Brühe angießen.

Den Thymian waschen, trocken schütteln und die Blättchen abstreifen. Mit den Tomaten (und gegebenenfalls den Bohnen aus der Dose) untermischen. Noch einmal etwa 5 Minuten köcheln lassen.

Den Fontina in kleine Würfel schneiden. Den Topf vom Herd ziehen, den Käse untermischen und das Gemüse noch kurz ziehen lassen. Den Eintopf auf tiefe Teller verteilen und servieren.

Linsen-Kartoffel-Eintopf mit Bergkräuter-Pesto

So ein Pesto aus Bergkräutern schmeckt besonders aromatisch und kann statt mit Haselnüssen auch sehr gut mit Walnüssen zubereitet werden. Natürlich passt es auch wunderbar gut zu Nudeln, z.B. den Kastaniennudeln *von Seite 76.*

Für 4 Personen
Zubereitungszeit: 50 Min.

350 g braune, grüne oder schwarze Linsen
1 TL Wacholderbeeren
1 große Möhre
1 Stück Knollensellerie (ca. 150 g)
1 Zwiebel
500 g festkochende Kartoffeln
20 g Butterschmalz
2 TL Zucker
½ l Gemüsebrühe
2 Handvoll Bergkräuter (z.B. Spitzwegerich und Leimkraut)
4 EL Haselnusskerne
5 EL Öl (z.B. Nussöl)
Salz
Pfeffer aus der Mühle
ca. 2 EL Essig

Die Linsen in einem Sieb kalt abbrausen und abtropfen lassen, dann in einen Topf geben und mit Wasser bedecken. Die Wacholderbeeren in ein Tee-Ei füllen und dazugeben. Die Linsen mit halb aufgelegtem Deckel bei schwacher bis mittlerer Hitze etwa 30 Minuten nicht ganz weich köcheln.

Inzwischen die Möhre und den Sellerie schälen und in kleine Würfel schneiden. Die Zwiebel schälen und in feine Würfel schneiden. Die Kartoffeln schälen, waschen und in etwa 1 cm große Würfel schneiden.

Das Butterschmalz in einem großen Topf mit dem Zucker erhitzen. Die Möhre, den Sellerie, die Zwiebel und die Kartoffeln dazugeben und kurz mitbraten.

Die Linsen in ein Sieb abgießen und abtropfen lassen, das Tee-Ei entfernen. Die Linsen zur Gemüsemischung geben und die Brühe dazugießen. Alles mit geschlossenem Deckel 10 bis 15 Minuten köcheln lassen, bis die Linsen und die Kartoffeln weich sind.

Inzwischen die Kräuter waschen, trocken tupfen und grob hacken. Die Nüsse ebenfalls grob hacken und in einer Pfanne ohne Fett unter Rühren leicht anrösten. Die Kräuter und die Nüsse mit dem Öl mit dem Stabmixer fein pürieren und mit Salz und Pfeffer würzen.

Den Linsen-Kartoffel-Eintopf mit dem Essig, Salz und Pfeffer abschmecken. Auf tiefe Teller verteilen und mit dem Bergkräuter-Pesto und Bauernbrot servieren.

KNÖDEL, PASTA

& Co.

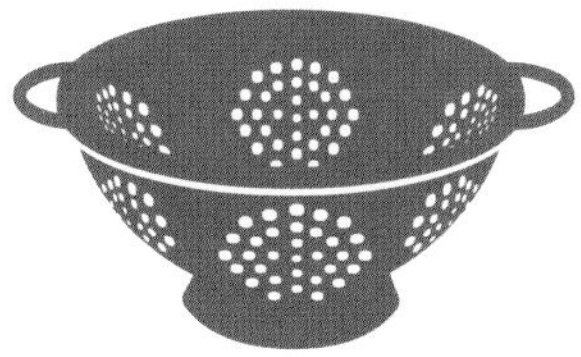

Brotpflanzerl mit Kartoffelsalat

So einen saftigen Kartoffelsalat mit Brühe liebt man in Bayern und Österreich. Zu den Brotpflanzerln schmeckt er ebenso gut wie zu den Getreidepflanzerln oder auch zu paniertem Käse.

Für 4 Personen
Zubereitungszeit: 1 Std.

Für die Pflanzerl:
250 g altbackenes Brot
400 ml Milch
2 Zwiebeln
1 großes Bund gemischte Kräuter oder Petersilie
20 g Butter
Salz
2 Eier
2 EL Mehl
Pfeffer aus der Mühle
frisch geriebene Muskatnuss
20 g Butterschmalz

Für den Salat:
1 kg festkochende Kartoffeln
Salz
gut 1/4 l kräftige Gemüsebrühe
1 EL scharfer oder mittelscharfer Senf
ca. 2 1/2 EL Weißwein- oder Apfelessig
Pfeffer aus der Mühle
4 EL Öl
Schnittlauch oder Borretsch zum Garnieren

Für die Pflanzerl das Brot in dünne Scheiben schneiden und in eine Schüssel legen. Die Milch lauwarm erhitzen und darübergießen.

Die Zwiebeln schälen und in feine Würfel schneiden. Die Kräuter waschen und trocken schütteln, die Blättchen abzupfen und fein hacken.

Die Butter in einer Pfanne erhitzen. Die Zwiebeln dazugeben, mit Salz würzen und bei mittlerer Hitze etwa 5 Minuten dünsten. Die Kräuter dazugeben und zusammenfallen lassen. Die Mischung unter das Brot rühren und alles mindestens 30 Minuten ruhen lassen. Zwischendurch ein- bis zweimal umrühren.

Inzwischen für den Salat die Kartoffeln mit der Schale waschen und in Salzwasser nicht zu weich garen. Inzwischen die Brühe aufkochen und mit dem Senf, dem Essig, Salz und Pfeffer mischen, das Öl gründlich unterrühren.

Die Kartoffeln abgießen und etwas abkühlen lassen. Pellen, in dünne Scheiben schneiden und in eine Schüssel geben. Vorsichtig mit dem Dressing mischen und abschmecken.

Die Eier und das Mehl zum eingeweichten Brot geben und alles gründlich zu einer gebundenen Masse verkneten. Mit Salz, Pfeffer und Muskatnuss abschmecken und zu etwa 12 Pflanzerln formen.

Das Butterschmalz in einer großen Pfanne erhitzen und die Pflanzerl darin bei mittlerer Hitze auf beiden Seiten 4 bis 5 Minuten braten.

Inzwischen den Schnittlauch oder Borretsch waschen und trocken schütteln. Den Schnittlauch in dünne Röllchen, den Borretsch in Streifen schneiden und unter den Salat mischen. Den Salat abschmecken und zu den Pflanzerln servieren.

Variante Getreidepflanzerl Dafür 200 g Grünkern-, Buchweizen- oder Weizenschrot mit 400 ml Gemüsebrühe aufkochen und mit geschlossenem Deckel bei schwacher Hitze etwa 20 Minuten ausquellen und im Topf abkühlen lassen. Mit 1 fein gewürfelten Zwiebel, 1 Bund gehackter Petersilie, 2 Eiern, Salz und Pfeffer gründlich mischen und zu 8 Pflanzerln formen. In einer Pfanne in 20 g Butterschmalz bei mittlerer Hitze auf jeder Seite etwa 5 Minuten braten.

Anna Matscher – eine Alpenköchin mit Stern

In Tisens, einem kleinen Dorf südlich von Meran, hoch über dem Etschtal gelegen, besuchen wir Anna Matscher in ihrem Restaurant zum Löwen. Einem ehrwürdigen Haus, das bereits im 14. Jahrhundert zum ersten Mal als Gasthaus erwähnt wurde.

Frau Matscher, als Gast in Ihrem Restaurant spürt und schmeckt man Ihre Leidenschaft fürs Kochen. Woher kommt diese Liebe?
Ich glaube, die wurde mir schon in die Wiege gelegt. Meine Mutter hat ausgezeichnet gekocht, vor allem alles mit Germ (Hefe) ist ihr meisterhaft gelungen. Aber auch beim Knödelmachen war sie perfekt. Und alle Geschwister – wir waren acht – haben gut und gern gekocht und tun das übrigens immer noch. Außer einer Schwester, die leider schon gestorben ist.

Und dennoch haben Sie diese Leidenschaft nicht gleich zum Beruf gemacht.
Als ich ungefähr zehn Jahre alt war, wurde mir das Kochen zeitweise eher zur Pflicht. Weil meine Mutter sehr viel zu tun hatte, musste ich jeden Mittag für alle kochen. Da war ich ja noch ein Kind, und das war in dem Alter nicht nur Vergnügen. Kurz habe ich mit dem Gedanken gespielt, eine Konditorlehre anzufangen, aber da hat meine Mutter mir abgeraten.

Stattdessen haben Sie sich zur Masseurin ausbilden lassen. Wie kamen Sie dann doch zurück zum Kochen?
Nach der Ausbildung ging ich nach Wien zu einem bekannten Masseur, um mich weiterzubilden. Ich hatte aber wenig Geld, und so habe ich häufig für eine Arztfamilie gekocht. Natürlich alles hausgemacht, wie ich es von zu Hause her gewohnt war. Und alle waren begeistert. Das wirkte nach, und seither kochte ich mit wachsender Leidenschaft. Zurück in Südtirol, habe ich dann häufig Freunde eingeladen, jedes Mal etwas Neues ausprobiert und so mit der Zeit meinen eigenen Kochstil entwickelt.

Doch wie kamen Sie schließlich zum eigenen Restaurant?
Als ich Luis, meinen späteren Mann, kennenlernte, gehörte das Restaurant zum Löwen schon seit Generationen seiner Familie. Allerdings war es damals geschlossen, denn seinen Großeltern, die das Gasthaus geführt hatten, war die Arbeit

zu anstrengend geworden. Die Idee, es wieder zu eröffnen, ging mir so lange nicht mehr aus dem Kopf, bis ich es schließlich gewagt habe. Anfangs noch mit ein paar angestellten Köchen. Die arbeiteten aber nicht so, wie ich mir das vorgestellt hatte. Und so habe ich beschlossen, erst einmal allein zu kochen. Ab da lief es wirklich gut.

Wie schafft man es, als Autodidaktin ein so hohes Niveau zu erreichen?
Das meiste habe ich mir selber beigebracht, einfach immer wieder etwas Neues ausprobiert, verbessert und verfeinert. Aber ich habe auch in fremde Küchen geschnuppert, zum Beispiel bei Hans Haas in München (Tantris). Da habe ich natürlich auch einiges gesehen und gelernt.

Dann kam schließlich 1997 der Stern vom Guide Michelin. Das hat Sie sicher sehr gefreut ...
(Anna Matscher wiegt den Kopf) Ja und nein. Natürlich war es eine Auszeichnung. Aber ich wusste, der Stern kommt eigentlich zu früh. Und er setzte mich enorm unter Druck. Denn mir war klar, dass ich ab jetzt jeden Tag das Perfekte schaffen muss. Als er mir dann vier Jahre später wieder aberkannt wurde, war es fast eine Erleichterung. Erst 2007, als ich den Stern zum zweiten Mal bekam, konnte ich mich wirklich darüber freuen. Jetzt war ich ihm gewachsen.

Welche Rolle spielt die traditionelle Südtiroler Küche für Sie?
Eine große. Zum einen bin ich mit ihr aufgewachsen, bei uns zu Hause gab es zum Beispiel mindestens zweimal pro Woche Knödel. Zum anderen kaufe ich die meisten Produkte in der unmittelbaren Nachbarschaft, koche also vor allem mit dem, was es hier in der Umgebung und der Jahreszeit entsprechend gibt. Aber natürlich habe ich diese Küche weiterentwickelt und lasse meine Kreativität spielen. Meine Rohnenknödel etwa sind bei den Grundzutaten noch ganz traditionell. Dann verfeinere ich sie aber mit einem Kern aus Kren (Meerrettich), forme die Masse zu einem länglichen Knödel und gare sie in Folie verpackt wie einen Serviettenknödel. Serviert wird der Knödel in Scheiben in einer hellen Rohnen-Consomé. Eine vertraute und doch überraschende Kombination.

Was ist in Ihren Augen das Wichtigste beim Kochen?
Optimale Zutaten. Und natürlich die tägliche Passion.

Beides spürt und schmeckt man bei Ihnen im Löwen. Vielen Dank!

Rohnenknödel im Fond von der weißen Rohne

Rezept von Anna Matscher

Für 4 Personen
Zubereitungszeit: 45 Min.
Quellzeit: 1 Std.

Für die Knödel:
300 g rote Rohnen (Rote Beten)
Salz
½ TL ganzer Kümmel
3 Eier
300 g altbackenes Weißbrot
Pfeffer aus der Mühle
ca. 4 TL frisch geriebener Meerrettich

Für den Fond:
4 weiße Rohnen (Weiße Beten)
2 weiße Möhren
der helle Teil von 1 Stange Staudensellerie
1 Zwiebel
Salz

Zum Garnieren:
je 2 kleine weiße und rote Rohnen
Salz
1 EL Butter
kleine zarte Rohnenblätter

Für die Knödel die Roten Beten waschen und in Salzwasser 30 bis 40 Minuten weich garen, abgießen und auskühlen lassen.

Inzwischen für den Fond die Weißen Beten und die Möhren putzen, schälen und in Scheiben schneiden. Das Selleriestück waschen und ebenfalls in Scheiben schneiden. Die Zwiebel mit Schale waschen und halbieren. Die Schnittflächen in einer Pfanne ohne Fett hellbraun anrösten.

Die Weißen Beten, die Möhren, den Sellerie und die Zwiebel in einen Topf geben, mit 1 l kaltem Wasser aufgießen und erhitzen. Den Fond mit Salz würzen und alles mit geschlossenem Deckel bei schwacher bis mittlerer Hitze etwa 20 Minuten köcheln lassen.

Die abgekühlten Roten Beten für die Knödel schälen und in Würfel schneiden. Den Kümmel hacken und mit den Roten Beten und den Eiern mit dem Stabmixer fein pürieren. Das Brot in kleine Würfel schneiden und in eine Schüssel legen. Die Rote-Bete-Mischung darauf verteilen und das Brot mindestens 1 Stunde quellen lassen. Dabei ab und zu umrühren.

Inzwischen die kleinen Weißen und Roten Beten zum Garnieren in Salzwasser 20 bis 30 Minuten weich garen, abgießen, etwas abkühlen lassen und nach Belieben schälen. Die Weißen Beten in dünne Scheiben schneiden, die Roten Beten vierteln, achteln oder in hauchdünne Scheiben schneiden.

Den Knödelteig gut durchkneten und mit Salz und Pfeffer abschmecken. Aus dem Teig 8 längliche Rollen formen und jede Rolle auf ein Stück Frischhaltefolie legen. Die Rollen längs etwas eindrücken, mit Meerrettich bestreuen und darüber wieder verschließen. Die Knödel in die Folien wickeln und die Folienenden wie Bonbonpapier zusammendrehen. In einem großen Topf reichlich Salzwasser aufkochen und die Knödel in siedendem Wasser etwa 15 Minuten gar ziehen lassen.

Inzwischen den Fond durch ein Sieb in einen anderen Topf gießen, abschmecken und nochmals erwärmen. Die Butter in einer Pfanne erhitzen und die Weiße-Bete-Scheiben darin auf beiden Seiten kurz anbraten, mit Salz abschmecken.

Die Knödel aus der Folie wickeln, durchschneiden und in tiefen Tellern anrichten. Die Rote-Bete-Blätter, die Weiße-Bete-Scheiben und die Rote-Bete-Stücke daneben anrichten und alles mit dem Fond übergießen.

Schwarzkohlknödel mit Graukäseschaum

Rezept von Anna Matscher

Für 4 Personen
Zubereitungszeit: 45 Min.
Quellzeit: 1 Std.

Für die Knödel:
300 g altbackenes Brot (1–2 Tage alt; z. B. Vinschgerl)
200 g Schwarzkohlblätter (ersatzweise Grünkohl- oder dunkle Wirsingblätter)
Salz
3 EL Olivenöl
1 Zwiebel
20 g Butter
3 Eier
Pfeffer aus der Mühle

Für den Schaum:
50 g Graukäse
1 EL Butter
1 gestr. EL Mehl (ca. 8 g)
150 ml Milch
50 g Sahne
Salz
Pfeffer aus der Mühle

Zum Garnieren:
100 g Grünkohlblätter
50–100 g Graukäse

Für die Knödel das Brot in kleine Würfel schneiden und in eine Schüssel legen. Die Schwarzkohlblätter waschen und in Stücke zupfen. In einem Topf reichlich Salzwasser aufkochen und den Schwarzkohl darin 4 Minuten blanchieren. Den Schwarzkohl abgießen, kurz in eine Schüssel mit Eiswasser geben und dann in einem Sieb abtropfen lassen. Mit dem Olivenöl in der Küchenmaschine fein zerkleinern. 1 bis 2 EL pürierten Kohl mit Salz abschmecken und zum Garnieren beiseitestellen.

Die Zwiebel schälen und in feine Würfel schneiden. Die Butter erhitzen und die Zwiebel darin unter Rühren goldgelb anbraten. Vom Herd nehmen und abkühlen lassen.

Das Schwarzkohlpüree mit der Zwiebel und den Eiern nochmals kurz pürieren und auf die Brotwürfel gießen. Alles gut vermischen und mindestens 1 Stunde quellen lassen. Dabei ab und zu durchmischen.

Inzwischen in einem Topf reichlich Salzwasser aufkochen und den Grünkohl zum Garnieren darin etwa 4 Minuten blanchieren. In ein Sieb abgießen, kalt abschrecken und abtropfen lassen. In Stücke zupfen. Den Graukäse zum Garnieren zerbröckeln.

Die Knödelmischung mit Salz und Pfeffer abschmecken und mit angefeuchteten Händen zu kleinen Knödeln formen. In einem großen Topf reichlich Salzwasser aufkochen und die Knödel in siedendem Wasser etwa 15 Minuten gar ziehen lassen.

Inzwischen für den Schaum den Graukäse in kleine Würfel schneiden. Die Butter in einem Topf erhitzen, das Mehl dazugeben und unter Rühren hellgelb anschwitzen. Unter ständigem Rühren die Milch und die Sahne dazugeben und die Sauce 5 bis 10 Minuten köcheln lassen. Den Graukäse dazugeben und schmelzen. Die Sauce mit Salz und Pfeffer abschmecken.

Die Graukäsesauce in eine Syphonflasche füllen und Gas dazugeben. Die Grünkohlblätter auf große Teller verteilen. Die Knödel mit dem Schaumlöffel aus dem Wasser heben und auf die Teller setzen. Den Schaum auf die Teller spritzen. (Oder die Sauce mit dem Stabmixer schaumig aufmixen und die Teller damit garnieren.) Das beiseitegestellte Schwarzkohlpüree in Tupfen auf die Teller verteilen. Die Graukäsestücke auf die Grünkohlblätter setzen und mit dem Gasbrenner leicht abflämmen. Die Knödel servieren.

Tipp

Ich garniere die Knödel mit Grünkohlchips. Dafür gewaschene Grünkohlblätter von den Stielen streifen und in Stücke zupfen. Mit etwas Weißweinessig, Olivenöl, Salz und Pfeffer wie einen Salat anmachen und die Blätter im Dörrgerät trocknen.

Knödelgröstl mit Pilzen

Übrig gebliebene Knödel werden in Bayern, Österreich und auch in Südtirol gerne als Gröstl zubereitet, mit Resten von Fleisch oder auch mit Gemüse.

Für 4 Personen
Zubereitungszeit: 30 Min.

4 Semmelknödel oder andere Knödel aus Brot
1 große Zwiebel
400 g Pfifferlinge, Steinpilze oder Zuchtpilze wie Egerlinge
1 kleines Bund Petersilie oder 1 Handvoll Wildkräuter (z.B. (Berg-)Thymian, Majoran oder Schnittlauch)
30 g Butterschmalz
Salz
Pfeffer aus der Mühle
4 Eier
4 EL Sahne

Die Knödel in dünne Scheiben schneiden. Die Zwiebel schälen, vierteln und in Streifen schneiden. Die Pilze putzen und mit Küchenpapier trocken abreiben. Kleine Pilze halbieren, große in Scheiben schneiden. Die Petersilie oder die Wildkräuter waschen und trocken schütteln, die Blätter abzupfen und fein hacken.

In einer großen Pfanne 1½ EL Butterschmalz erhitzen und die Knödel darin bei mittlerer Hitze unter Wenden schön knusprig braten, dann aus der Pfanne nehmen.

Das restliche Butterschmalz in der Pfanne erhitzen und die Pilze darin unter Rühren bei starker Hitze etwa 5 Minuten braten. Die Zwiebel dazugeben und bei mittlerer Hitze 2 bis 3 Minuten braten. Mit Salz und Pfeffer würzen. Die Kräuter und die Knödel untermischen.

Die Eier mit der Sahne verrühren und mit Salz und Pfeffer würzen. Die Eiersahne in die Pfanne gießen und unter Rühren stocken, aber nicht trocken werden lassen. Das Knödelgröstl auf Teller verteilen und sofort servieren. Dazu schmeckt Salat.

Tipp~ Statt mit Knödeln schmeckt das Gröstl auch mit altbackenem Brot oder Brezen vom Vortag. Das Brot oder die Brezen in sehr dünne Scheiben schneiden und im Butterschmalz knusprig braten (vielleicht braucht man ein bisschen mehr Butterschmalz als für die Knödel). Dann geht es weiter, wie im Rezept oben beschrieben.

Kasnocken

Darüber, wer diesen Klassiker erfunden hat, streiten sich Tirol und Südtirol. Ganz egal, woher sie kommen, die Kasnocken sind einfach köstlich!

Für 4 Personen
Zubereitungszeit: 45 Min.

250 g altbackene Semmeln oder Knödelbrot
1/4 l Milch
1 Zwiebel
60 g Butter
300 g Südtiroler Bergkäse
1 Bund Schnittlauch
2 Eier
1 EL Mehl
Salz
Pfeffer aus der Mühle

Die Semmeln in dünne Scheiben oder kleine Würfel schneiden und in eine Schüssel geben. Die Milch lauwarm erhitzen und darübergießen.

Die Zwiebel schälen und in feine Würfel schneiden. In einer kleinen Pfanne 1/2 EL Butter erhitzen und die Zwiebelwürfel darin bei schwacher Hitze unter Rühren einige Minuten dünsten. Die Pfanne vom Herd nehmen.

250 g Bergkäse in sehr kleine Würfel schneiden oder raspeln. Den Schnittlauch waschen, trocken schütteln und in feine Röllchen schneiden. Etwa 1 EL Schnittlauchröllchen zugedeckt beiseitestellen.

Den restlichen Schnittlauch mit dem zerkleinerten Käse, der Zwiebel, den Eiern und dem Mehl zu den Brötchen geben. Mit Salz und Pfeffer würzen und gut untermischen. Die Mischung etwa 30 Minuten ruhen lassen.

Aus dem Teig mit zwei Esslöffeln längliche Nocken formen. In einem großen Topf reichlich Salzwasser aufkochen und die Nocken in siedendendem Wasser etwa 15 Minuten gar ziehen lassen.

Die übrige Butter zerlassen und den restlichen Käse grob raspeln. Die Kasnocken mit dem Schaumlöffel aus dem Wasser heben, kurz abtropfen lassen, auf Teller verteilen und mit der Butter beträufeln. Den restlichen Schnittlauch und den geraspelten Käse daraufstreuen und die Kasnocken sofort servieren.

Tipp

Das Original wird mit Spinat zubereitet. Außer Spinat schmecken auch Brennnesseln, Mangoldblätter oder eine Mischung aus verschiedenen Gemüsen und (Wild-)Kräutern.

Rohnen-Schlutzkrapfen

Diese Südtiroler Spezialität lässt sich mit allem möglichen „Grünzeug" zubereiten, so auch mit den aromatischen Blättern von jungen Rohnen, also Roten Beten.

Für 4 Personen (ca. 40 Stück)
Zubereitungszeit: 2 Std.

Für den Nudelteig:
125 g Roggenmehl (Type 610)
125 g Weizenmehl
Salz
2 Eier
30 g zerlassene Butter
2 EL Milch

Für die Füllung und zum Servieren:
2 junge rote Rohnen (Rote Beten) mit viel Grün (ca. 150 g Blätter und 200 g Rote Bete)
Salz
1 Zwiebel
1 Knoblauchzehe
90 g Butter
150 g würziger Bergkäse
150 g Topfen oder Ricotta
Pfeffer aus der Mühle
frisch geriebene Muskatnuss

Für den Nudelteig die beiden Mehlsorten mit 1 gestrichenen TL Salz mischen. Die Eier, die flüssige Butter und die Milch hinzufügen und alles zu einem glatten, geschmeidigen und nicht zu trockenen Teig verkneten. Den Teig zugedeckt 30 Minuten ruhen lassen.

Inzwischen für die Füllung die Rote-Bete-Blätter abschneiden, putzen und waschen. In einem Topf reichlich Salzwasser aufkochen und die Rote-Bete-Blätter darin 1 bis 2 Minuten blanchieren und zusammenfallen lassen. In ein Sieb abgießen, kalt abschrecken, abtropfen lassen und gut ausdrücken. Fein hacken.

Die Roten Beten schälen und zuerst in feine Scheiben, dann in Streifen schneiden. In einem Topf reichlich Salzwasser aufkochen und die Roten Beten darin etwa 5 Minuten bissfest blanchieren. In ein Sieb abgießen, kalt abschrecken und abtropfen lassen. Die Hälfte der Rote-Bete-Streifen fein hacken und mit den gehackten Blättern mischen.

Die Zwiebel und den Knoblauch schälen und in feine Würfel schneiden. In einer kleinen Pfanne 1 EL Butter erhitzen. Die Zwiebel und den Knoblauch darin andünsten. Die Hälfte des Bergkäses fein reiben. Die Zwiebelmischung mit der Rote-Bete-Mischung, dem Topfen oder Ricotta und dem geriebenen Käse gründlich vermischen und mit Salz, Pfeffer und Muskatnuss würzen.

Den Nudelteig auf der bemehlten Arbeitsfläche oder mit der Nudelmaschine dünn ausrollen. Mit einem Glas oder einem runden Ausstecher Teigkreise (8 cm Durchmesser) ausstechen. Jeweils in die Mitte 1 TL Füllung geben, die Teigkreise zusammenklappen und die Ränder gut zusammendrücken. In einem Topf reichlich Salzwasser aufkochen und die Schlutzkrapfen darin etwa 5 Minuten leicht köcheln lassen.

Die restliche Butter in einer Pfanne erhitzen und leicht bräunen, die Rote-Bete-Streifen darin erwärmen. Den übrigen Käse in Späne hobeln.

Die Schlutzkrapfen mit dem Schaumlöffel herausheben, kurz abtropfen lassen und auf tiefe Teller verteilen. Die gebräunte Butter mit den Rote-Bete-Streifen daraufgeben und die Käsespäne darüberstreuen. Die Rohnen-Schlutzkrapfen sofort servieren.

Kastaniennudeln mit Nuss-Käse-Sauce

Eine nord-süd-schweizerische Verbindung: die Nüsse aus dem Haslital im Berner Oberland mit den Kastaniennudeln aus dem Tessin. Ziemlich geglückt, wie ich finde!

Für 4 Personen
Zubereitungszeit: 40 Min.
Ruhezeit: 2 × 30 Min.

Für die Nudeln:
125 g Kastanienmehl
175 g Weizenmehl
Salz
3 Eier
2 EL Öl (z.B. Nussöl)

Für die Sauce:
100 g Haselnuss- oder Walnusskerne
1 Zwiebel
2 Knoblauchzehen
je ½ Bund (Berg-)Thymian und Majoran
1 Bund Schnittlauch
50 g Alpkäse
50 g Butter
Salz
ca. 125 ml Gemüsebrühe
Pfeffer aus der Mühle

Außerdem:
geriebener Alpkäse zum Servieren

Für die Nudeln die beiden Mehlsorten mit 1 TL Salz mischen. Die Eier und das Öl dazugeben und alles zu einem glatten, geschmeidigen Teig verkneten. Den Teig zu einer Kugel formen und in ein Küchentuch gewickelt bei Zimmertemperatur etwa 30 Minuten ruhen lassen.

Den Teig vierteln und jeweils auf der leicht bemehlten Arbeitsfläche oder mit der Nudelmaschine zu dünnen Platten ausrollen. Die Platten etwa 30 Minuten antrocknen lassen, dann mit einem Messer oder mit der Nudelmaschine in Bandnudeln schneiden.

Für die Sauce die Nüsse sehr fein hacken. Die Zwiebel und den Knoblauch schälen und in feine Würfel schneiden. Die Kräuter waschen, trocken schütteln und die groben Stiele entfernen. Die Kräuter fein schneiden, den Schnittlauch in Röllchen schneiden. Den Käse gegebenenfalls entrinden und reiben.

Die Butter in einem Topf erhitzen und die Zwiebel und den Knoblauch dazugeben. Mit Salz würzen und bei mittlerer Hitze unter Rühren etwa 5 Minuten dünsten. Die Nüsse und die Kräuter hinzufügen und kurz mitdünsten. Die Brühe dazugießen und die Sauce offen bei mittlerer Hitze ein paar Minuten köcheln lassen.

Inzwischen für die Nudeln in einem Topf reichlich Salzwasser aufkochen und die Nudeln darin etwa 2 Minuten bissfest garen.

Den Käse zur Sauce geben und bei schwacher Hitze darin schmelzen. Die Sauce mit Pfeffer und eventuell noch Salz abschmecken.

Die Nudeln in ein Sieb abgießen, abtropfen lassen und mit der Sauce mischen. Auf Teller verteilen und servieren. Bei Tisch noch mit etwas Alpkäse bestreuen.

Tipp

Natürlich schmeckt die Sauce auch mit gekauften Nudeln. Am besten passen Tagliatelle oder schmalere Linguine.

Wildkraut-Fleckerl mit Ziegenfrischkäse

Fleckerl heißt nichts anderes als kleine Stücke. Und so werden diese Nudeln, die es in der bayerischen und der österreichischen Küche gibt, ganz unregelmäßig in Stücke geschnitten.

Für 4 Personen
Zubereitungszeit: 1 Std.
Ruhezeit: 30 Min.

Für den Teig:
300 g Mehl
Salz
1 EL Öl
3 Eier

Außerdem:
300 g gemischte Wildkräuter (z.B. Guter Heinrich, Brennnesseln, Sauerampfer und Spitzwegerich)
1 große Zwiebel
2 El Öl
1 EL Butter
Salz
Pfeffer aus der Mühle
150 g saure Sahne
je 1 TL edelsüßes und rosenscharfes Paprikapulver
100 g weicher Ziegenfrischkäse

Für den Teig das Mehl mit 1 TL Salz mischen und mit dem Öl und den Eiern zu einem glatten, geschmeidigen Teig verkneten. Den Teig zu einer Kugel formen, in ein Küchentuch wickeln und bei Zimmertemperatur etwa 30 Minuten ruhen lassen.

Den Teig portionsweise auf der bemehlten Arbeitsfläche oder mit der Nudelmaschine zu dünnen Platten ausrollen und in unregelmäßige Rauten oder Quadrate schneiden. Auf bemehlten Küchentüchern ausbreiten und leicht antrocknen lassen.

Die Wildkräuter waschen, trocken schütteln und die groben Stiele entfernen. Große Blätter kleiner schneiden. In einem großen Topf Salzwasser aufkochen. Die Kräuter hineingeben und kurz zusammenfallen lassen. In ein Sieb abgießen, kalt abschrecken und abtropfen lassen.

Die Zwiebel schälen, vierteln und in feine Streifen schneiden. Das Öl und die Butter in einer Pfanne erhitzen und die Zwiebel darin bei mittlerer Hitze etwa 5 Minuten braten. Dabei immer wieder rühren. Die Kräuter dazugeben, mit Salz und Pfeffer würzen und 1 bis 2 Minuten garen.

Inzwischen für die Fleckerl in einem großen Topf reichlich Salzwasser aufkochen und die Nudeln darin etwa 3 Minuten bissfest garen.

Die saure Sahne unter das Gemüse mischen und alles mit Salz, Pfeffer und beiden Sorten Paprikapulver abschmecken. Die Nudeln abgießen und untermischen. Die Wildkraut-Fleckerl auf tiefe Teller verteilen. Den Frischkäse in kleinen Stücken darauf verteilen und die Fleckerl sofort servieren.

Tirteln mit Sauerkrautfüllung

Eine Südtiroler und Tiroler Spezialität, die früher nur an Festtagen serviert wurde. Heute gehören Tirteln zum täglichen Speiseplan und kommen vor allem im Herbst und Winter auf den Tisch.

Für 4 Personen
Zubereitungszeit: 1¼ Std.

Für die Füllung:
250 g Sauerkraut
1 Zwiebel
1 kleiner Apfel
1 EL Butter
¼ l Gemüsebrühe oder Apfelsaft
4 Wacholderbeeren
Salz
Pfeffer aus der Mühle

Für den Teig:
80 ml Milch
175 g Roggenmehl
75 g Weizenmehl
Salz
1 Ei
1 EL Öl

Außerdem:
¾ l Öl zum Frittieren

Für die Füllung das Sauerkraut abtropfen lassen und grob hacken. Die Zwiebel schälen und in sehr feine Würfel schneiden. Den Apfel vierteln, schälen und das Kerngehäuse entfernen. Die Viertel in sehr feine Würfel schneiden.

Die Butter in einem Topf erhitzen und die Zwiebel- und Apfelwürfel darin andünsten. Das Sauerkraut kurz mitdünsten, dann die Brühe oder den Apfelsaft dazugießen. Die Wacholderbeeren untermischen, das Kraut mit Salz und Pfeffer abschmecken und mit geschlossenem Deckel bei schwacher Hitze etwa 30 Minuten dünsten. Lauwarm abkühlen lassen und die Wacholderbeeren wieder herausnehmen.

Inzwischen für den Teig die Milch lauwarm erhitzen. Die beiden Mehlsorten mit 1 TL Salz, dem Ei, dem Öl und der Milch zu einem glatten, geschmeidigen Teig verkneten, zu einer Kugel formen, in ein Küchentuch wickeln und bei Zimmertemperatur 30 Minuten ruhen lassen.

Den Teig portionsweise auf der bemehlten Arbeitsfläche oder mit der Nudelmaschine zu dünnen Platten ausrollen. Auf einer Platte im Abstand von gut 5 cm jeweils 2 bis 3 TL Sauerkrautfüllung verteilen. Eine zweite Teigplatte darauflegen und mit einem runden Ausstecher um die Füllung herum Teigtaschen ausstechen, dabei die Teigplatten gut zusammendrücken. Wenn sie nicht geschlossen sind, die Ränder rundum mit einer Gabel zusammendrücken.

Das Öl in einem großen Topf erhitzen. Es ist heiß genug, wenn sich an einem hineingehaltenen Holzlöffelstiel Blasen bilden. Die Tirteln darin portionsweise 3 bis 4 Minuten frittieren, dabei einmal wenden. Mit dem Schaumlöffel herausheben, auf Küchenpapier abtropfen lassen und heiß servieren. Dazu schmeckt grüner Salat.

Kräuter-Pizokel mit Gemüse

Diese Spätzle aus Buchweizenmehl sind eine Spezialität aus den Bündner Bergen. Nebenan im Veltlin macht man Pizzoccheri: Nudeln aus Buchweizenmehl, gemischt mit Wirsing und im Ofen mit Käse überbacken.

Für 4 Personen
Zubereitungszeit: 1¼ Std.

125 g Weizenmehl
175 g Buchweizenmehl
Salz
3 Eier
175 ml Mineralwasser (mit Kohlensäure)
1 großes Bund Petersilie
250 g Wirsingblätter
200 g Blattspinat
1 große Möhre
90 g Butter
Pfeffer aus der Mühle

Die beiden Mehlsorten in einer Schüssel mit 1 TL Salz, Eiern und Mineralwasser zu einem zähflüssigen Teig verrühren. Die Petersilie waschen und trocken schütteln. Die Blätter abzupfen, sehr fein hacken und unter den Teig mischen. Den Teig 30 Minuten quellen lassen.

Inzwischen den Wirsing in Stücke schneiden. Den Spinat verlesen, grobe Stiele entfernen. Die Möhre schälen und in dünne Scheiben schneiden. In einem Topf reichlich Salzwasser aufkochen und den Wirsing darin 2 Minuten blanchieren. Die Möhren dazugeben und 3 Minuten mitköcheln. Den Spinat hinzufügen und blanchieren, bis er zusammenfällt. Alles in ein Sieb abgießen, kalt abschrecken und abtropfen lassen.

Erneut in einem Topf reichlich Salzwasser aufkochen. Den Spätzleteig portionsweise auf ein Brett streichen und mit einem großen Messer breite Streifen davon ins Wasser streichen. Einmal aufkochen, mit dem Schaumlöffel herausheben, in einem Sieb kalt abschrecken und abtropfen lassen.

Wenn alle Pizokel gegart sind, 80 g Butter in einer großen Pfanne zerlassen. Die Pizokel mit dem Gemüse darin schwenken und erwärmen. Die restliche Butter in Stückchen schneiden und untermischen. Die Kräuter-Pizokel mit Salz und Pfeffer abschmecken und servieren.

Variante Pizzoccheri Dafür 200 g Buchweizenmehl, 75 g Weizenmehl, 1 TL Salz und 150 ml Wasser zu einem glatten Teig verkneten, zu einer Kugel formen und zugedeckt 30 Minuten ruhen lassen. Zu dünnen Platten ausrollen und zu Bandnudeln schneiden.

300 g Wirsing putzen, waschen und in Streifen schneiden. In kochendem Salzwasser 2 Minuten blanchieren, abgießen und kalt abschrecken. 1 große festkochende Kartoffel schälen, waschen, in 1 cm große Würfel schneiden und in Salzwasser 10 Minuten bissfest garen. Die Nudeln in kochendem Salzwasser 2 Minuten garen und kalt abschrecken.

1 große Zwiebel und 2 Knoblauchzehen schälen, die Zwiebel vierteln und in Streifen, den Knoblauch in dünne Scheiben schneiden. 250 g jungen, würzigen Bergkäse in kleine Würfel schneiden.

Die Zwiebel und den Knoblauch in 1 EL Butter 5 Minuten dünsten. Wirsing, Kartoffel, Nudeln, Zwiebel, Knoblauch und Käse in einer ofenfesten Form mischen und mit Salz und Pfeffer würzen. 2 EL flüssige Butter darüberträufeln. Im auf 220 °C vorgeheizten Backofen auf der mittleren Schiene etwa 10 Minuten backen, bis der Käse geschmolzen ist.

Älplermagronen mit Apfelschnitzen

Eine einfache und zugleich köstliche Mahlzeit, die man komplett aus dem Vorrat auf der Alp zubereiten kann. Wer mag, schiebt die Mischung vor dem Servieren noch kurz in den Backofen.

Für 4 Personen
Zubereitungszeit: 40 Min.

4 große säuerliche Äpfel
50 g Zucker
½ TL Zimtpulver
300 g festkochende Kartoffeln
3 Zwiebeln
200 g Alpkäse oder Sbrinz
30 g Butter
Salz
300 g kurze Makkaroni oder Hörnli (Hörnchennudeln)
100 g Sahne
100 ml Milch
Pfeffer aus der Mühle
frisch geriebene Muskatnuss

Die Äpfel vierteln, schälen und die Kerngehäuse entfernen. Die Apfelviertel in Schnitze schneiden und mit dem Zucker, 100 ml Wasser und dem Zimt in einem Topf erhitzen. Die Apfelschnitze zugedeckt bei schwacher Hitze etwa 5 Minuten bissfest garen. In eine Schüssel umfüllen und abkühlen lassen.

Die Kartoffeln schälen, waschen und in etwa 1 cm große Würfel schneiden. 1 Zwiebel schälen und in feine Würfel schneiden, die restlichen Zwiebeln schälen und in Ringe schneiden. Den Käse gegebenenfalls entrinden, in kleine Würfel schneiden oder grob raspeln.

In einem großen Topf 1 EL Butter erhitzen und die Zwiebelwürfel darin andünsten. Die Kartoffeln dazugeben, 700 ml Wasser angießen, salzen und offen etwa 2 Minuten köcheln. Die Makkaroni oder Hörnli dazugeben und alles weitere 10 Minuten köcheln, bis die Kartoffeln und die Nudeln weich werden. Dabei häufig umrühren. Die Nudeln und die Kartoffeln sollten die Flüssigkeit weitgehend aufgesogen haben.

Inzwischen die restliche Butter in einer Pfanne erhitzen und die Zwiebelringe darin bei mittlerer Hitze unter häufigem Rühren weich und goldbraun braten. Mit Salz würzen und beiseitestellen.

Die Sahne und die Milch zu den Nudeln geben und alles unter Rühren weiter garen, bis die Sauce leicht sämig ist. Mit Salz, Pfeffer und Muskatnuss abschmecken. Den Topf vom Herd nehmen, den Käse unterheben und kurz anschmelzen lassen.

Die Älplermagronen mit den Zwiebelringen garnieren und mit den Apfelschnitzen servieren.

Gersten-Risotto mit Kräutern und Käse

Diesen „Orzotto mantecato" habe ich im Veltlin gegessen, mit Wildkräutern wie luppolo, silene und ortica – Hopfen, Leinkraut und Brennnesseln. Gewürzt war das Ganze mit Casera, dem Bergkäse der Region. Zum Reinlegen gut!

Für 4 Personen
Zubereitungszeit: 45 Min.

ca. 100 g gemischte Kräuter (siehe oben; ersatzweise gemischte Kräuter vom Markt, z.B. für Grüne Sauce)
1 Zwiebel
2 Knoblauchzehen
40 g Butter
300 g Graupen (Rollgerste)
ca. 1,2 l Gemüsebrühe
100 g Bergkäse
Salz
Pfeffer aus der Mühle

Die Kräuter waschen, trocken schütteln und die groben Stiele entfernen. Die Kräuter fein hacken. Die Zwiebel und den Knoblauch schälen und in feine Würfel schneiden.

In einem Topf 20 g Butter erhitzen und die Zwiebel, den Knoblauch und gut die Hälfte der Kräuter darin andünsten. Die Graupen dazugeben und unterrühren. 1 Schöpfkelle Brühe dazugeben und die Graupen wie einen Risotto offen etwa 30 Minuten bissfest garen. Dabei nach und nach die übrige Brühe dazugießen und das Ganze öfter durchrühren.

Inzwischen den Käse gegebenenfalls entrinden und fein reiben. Die restliche Butter in Stückchen schneiden.

Den Käse mit der Butter und den restlichen Kräutern unter die Graupen rühren, bis der Käse geschmolzen und die Kräuter zusammengefallen sind. Den Gersten-Risotto mit Salz und Pfeffer abschmecken, auf Teller verteilen und servieren. Nach Belieben mit Hopfen garnieren.

Buchweizen-Grissini Im Veltlin serviert man zu dem Risotto Grissini: Dafür 100 g Buchweizenmehl mit 150 g Weizenmehl und 1 TL Salz mischen. 5 g frische Hefe mit etwa 125 ml lauwarmem Wasser gut verrühren. Mit 5 EL Olivenöl und ½ TL Zucker oder Honig zum Mehl geben und zu einem glatten Teig verkneten. Zugedeckt über Nacht im Kühlschrank gehen lassen.

Am nächsten Tag etwa walnussgroße Stücke abnehmen und zuerst zu Kugeln, dann zu langen dünnen Stangen formen. Mit etwa 1 cm Abstand auf zwei mit Backpapier belegte Bleche legen und nochmals 30 Minuten gehen lassen. Den Backofen auf 220 °C vorheizen und die Grissini nacheinander auf der mittleren Schiene etwa 8 Minuten knusprig backen. Auf einem Kuchengitter abkühlen lassen.

Tessiner Rotweinrisotto mit Ziegenkäse

Auch wenn im Tessin vor allem Polenta auf den Tisch kommt, wird auch ab und zu ein Risotto mit Reis aus dem nahen Piemont zubereitet. Besonders gut schmeckt er mit Tessiner Merlot.

Für 4 Personen
Zubereitungszeit: 35 Min.
Quellzeit: 30 Min.

30 g getrocknete Steinpilze
1 Zwiebel
2 Knoblauchzehen
1 kleine Handvoll (Berg-)Thymian
1/4 l Gemüsebrühe
30 g Butter
300 g Risottoreis
1/4 l trockener Rotwein (z.B. Tessiner Merlot)
Salz
Pfeffer aus der Mühle oder Chiliflocken
100 g Ziegenfrischkäse

Die Steinpilze in einer Schüssel etwa 30 Minuten in 350 ml lauwarmem Wasser einweichen.

Die Pilze abtropfen lassen, das Einweichwasser auffangen und durch einen Kaffeefilter gießen. Die Pilze in kleine Würfel schneiden. Die Zwiebel und den Knoblauch schälen und in feine Würfel schneiden. Den Thymian waschen, trocken schütteln und die Blättchen abzupfen. Die Brühe mit dem Pilzeinweichwasser mischen und erhitzen.

In einem Topf 1 EL Butter erhitzen und die Zwiebel und den Thymian darin andünsten. Die Pilze und den Knoblauch dazugeben und kurz mitdünsten. Den Reis hinzufügen und ebenfalls kurz andünsten. 1 Schuss Wein dazugeben und einkochen lassen. Den Reis unter häufigem Rühren etwa 18 Minuten bissfest garen. Dabei immer wieder abwechselnd so viel Wein und Brühe dazugießen, dass der Reis knapp damit bedeckt ist.

Die übrige Butter in Stückchen unter den Risotto rühren. Den Risotto mit Salz und Pfeffer oder Chiliflocken abschmecken, auf tiefe Teller verteilen und etwas Ziegenfrischkäse in kleinen Klecksen daraufsetzen. Sofort servieren.

Apfelrisotto mit Fontina

Im Aostatal und im Veltlin bereitet man diese fruchtige Risottovariante zu. Im Aostatal verwendet man Fontina, im Veltlin Casera. Am besten nimmt man einen mittelalten Käse, der gut schmilzt.

Für 4 Personen
Zubereitungszeit: 35 Min.

1 Zwiebel
2 säuerliche Äpfel
3–4 Zweige (Berg-)Thymian
ca. 900 ml Gemüsebrühe
30 g Butter
300 g Risottoreis
1 Schuss Weißwein
200 g Fontina oder mittelalter Bergkäse
Salz
Pfeffer aus der Mühle

Die Zwiebel schälen und in feine Würfel schneiden. Die Äpfel vierteln, schälen und die Kerngehäuse entfernen. Die Viertel in kleine Würfel schneiden. Den Thymian waschen, trocken schütteln und die Blättchen abzupfen. Die Brühe erhitzen.

In einem Topf 1 EL Butter erhitzen und die Zwiebel und den Thymian darin andünsten. Die Apfelwürfel dazugeben und kurz mitdünsten. Den Reis hinzufügen und ebenfalls kurz andünsten. Den Wein dazugießen und einkochen lassen. Den Reis unter häufigem Rühren etwa 18 Minuten bissfest garen. Dabei immer wieder so viel Brühe dazugießen, dass der Reis knapp damit bedeckt ist.

Den Käse in Würfel schneiden. Die restliche Butter in Stückchen schneiden und mit etwa drei Vierteln der Käsewürfel unter den Risotto rühren. Den Risotto mit Salz und Pfeffer abschmecken, auf tiefe Teller verteilen und mit den restlichen Käsewürfeln bestreuen.

Tipp Auch wenn wir nur zu zweit essen, mache ich bei Risotto meist die Menge für 4 Personen. Dann gibt es am nächsten oder übernächsten Tag Reispflanzerl mit Salat. Dafür rühre ich unter den Risottorest 1 Ei und etwa 2 EL geriebenen Käse. Aus der Masse gebe ich mit einem Esslöffel Pflanzerl in heißes Butterschmalz und brate sie auf beiden Seiten knusprig. Eine feine Sache!

Körnchen mit Charakter

Majestätisch und überwältigend schön, saftig grün und voller aromatischer Kräuter und Blumen, aber auch wild, ursprünglich und rau – all das können die Alpen und ihre Täler sein. Die Bewohner dieser faszinierenden Regionen mussten früher auf alles gefasst sein, vor allem aber mussten sie für die langen Winter möglichst gut vorsorgen. Und da kommt dem Getreide von alters her eine ganz wichtige Rolle zu.

Mit dem Anbau von Weizen konnten die Alpenbewohner da wenig ausrichten, zu empfindlich war er und für den Anbau in höheren Lagen kaum geeignet. Für einen ausreichenden Vorrat für die kalte Jahreszeit mussten also andere

Sorten her. Der Roggen zum Beispiel, der in den hohen Lagen bis doppelt so viel Ertrag gebracht hat wie der Weizen. Er wurde und wird vor allem im Schweizer Wallis, im Aostatal und in Südtirol zum Brotbacken verwendet.

Lange haltbare Brote hat man oft daraus gebacken, denn in vielen Dörfern wurde im Brotbackhaus nur ein- bis zweimal im Jahr das Feuer angeschürt. Jede Familie ging mit ihren Teigen dort hin und buk die Ration für den langen Winter. So köstliche Brote wie das heute ursprungsgeschützte Walliser Roggenbrot oder das kümmelwürzige Schüttelbrot aus Südtirol sind so erfunden worden. Und noch heute kulinarische Highlights!

Ebenfalls ideal für die Alpenregionen ist der Buchweizen, der spät blüht und eine so kurze Vegetationsphase hat, dass der Anbau fast immer gelingt – und ganz nebenbei auch noch bei den Bienen ausgesprochen beliebt ist. In der Küche spielt er vor allem im Veltlin, in Südtirol und in Graubünden eine wichtige Rolle.

Und nicht zuletzt der Mais, der getrocknet fast unendlich lange lagerfähig ist. Und als Polenta zu Grieß verarbeitet den nahrhaften Brei ergibt, sich aber auch zum Backen eignet. In der Küche ist er vor allem in Italien, aber auch in der Schweiz seit langer Zeit ein wichtiges Grundnahrungsmittel.

Ein kleiner Überblick

Buchweizen ist eigentlich gar kein Getreide, sondern ein Knöterichgewächs, das mit dem Rhabarber verwandt ist. Der stärkehaltige Buchweizen wird allerdings wie Getreide verwendet – sowohl als ganzes Korn wie auch gemahlen. Körner und Mehl enthalten kein Gluten, werden also auch von Allergikern vertragen. Solo eignet sich Buchweizenmehl aber aus ebendiesem Grund nicht zum Backen und auch nicht für andere Teige wie zum Beispiel für Spätzle oder Nudeln. Man muss es mit Weizen- oder Dinkelmehl mischen.

Polenta wird aus getrockneten Maiskörnern hergestellt, man mahlt die Körner zu feinem oder grobem Grieß. Es gibt sie in mindestens zwei verschiedenen Größen, in der Schweiz sogar in drei. Polenta wird keinesfalls nur aus den bekannten gelben Maiskörnern zubereitet, sondern auch aus weißen (vor allem in Venetien), roten oder aus verschiedenen Sorten gemischt wie von Gianpiero Moltoni im Veltlin. Dort bereitet man Polenta auch gerne aus einer Mischung aus Mais- und Buchweizengrieß zu, Polenta taragna genannt. Instant-Polenta ist vorgegart und schon nach etwa 5 Minuten servierfähig.

Gerste liebt man in Graubünden, aber auch in Südtirol und im Veltlin, ob als Einlage in der Suppe oder auch wie ein Risotto zubereitet. Die Körner kommen fast immer geschliffen und poliert in den Handel und werden mal Rollgerste, mal Graupen genannt.

Roggen hat vor allem als Brotgetreide große Bedeutung, kann aber auch im Ganzen geschmort werden. Beim Backen muss er mit Weizen oder Dinkel gemischt werden, da er wenig Kleber enthält. Reines Roggenbrot gelingt nur, wenn es mit Sauerteig zubereitet wird.

Polenta mit gebratenen Pilzen und Käsesauce

Polenta ist die Grundlage für viele bäuerliche Gerichte in den italienischen und den Schweizer Bergen. Dieses Rezept stammt aus dem Aostatal. In doppelter Menge zubereitet, wird die Käsesauce zu einer Art italienischem Fondue, in das man Roggenbrot-, Kartoffel- oder Polentawürfel tunkt.

Für 4 Personen
Zubereitungszeit: 50 Min.

Für die Polenta und die Pilze:
Salz
200 g Polenta
800 g Pilze (z.B. Steinpilze oder Pfifferlinge)
1 EL Zitronensaft
2 Knoblauchzehen
1 Bund Petersilie
20 g Butterschmalz

Für die Sauce:
200 g Fontina
1/4 l Milch
2 sehr frische Eigelb
1 EL Butter
Pfeffer aus der Mühle
Salz

Für die Polenta 1 l Salzwasser aufkochen. Die Polenta einrühren und mit geschlossenem Deckel bei mittlerer Hitze etwa 30 Minuten garen. Dabei ab und zu umrühren und bei Bedarf noch etwas Wasser dazugeben. Die Polenta soll schön cremig sein.

Inzwischen die Pilze putzen, mit Küchenpapier abreiben und nach Belieben in Scheiben schneiden. Mit dem Zitronensaft mischen, damit sie sich nicht zu stark verfärben. Den Knoblauch schälen und in feine Würfel schneiden. Die Petersilie waschen und trocken schütteln, die Blätter abzupfen und fein hacken.

Für die Sauce den Käse gegebenenfalls entrinden und raspeln. Die Milch in einem Topf erwärmen. Einen kleinen Schöpfer abnehmen und die Eigelbe damit verrühren. Den Käse nach und nach in die Milch im Topf rühren und bei schwacher Hitze darin schmelzen lassen. Wahrscheinlich löst er sich jetzt noch nicht komplett auf.

Die Eigelbmilch in die Käsemilch rühren und unter Rühren erwärmen, bis die Masse dickflüssig wird. Das kann durchaus etwa 5 Minuten dauern. Die Butter in Stückchen in der Sauce zerlassen. Die Sauce mit Pfeffer und eventuell Salz abschmecken.

Das Butterschmalz in einer Pfanne erhitzen. Die Pilze darin unter gelegentlichem Rühren bei mittlerer bis starker Hitze etwa 5 Minuten braten. Den Knoblauch und die Petersilie dazugeben und kurz mitbraten. Die Pilze mit Salz und Pfeffer würzen und warm halten.

Die Polenta auf tiefe Teller oder Schüsseln verteilen. Die Pilze darauf anrichten und die Sauce dazugießen. Sofort servieren.

Rösti

So einfach die Zutaten, so hoch ist die Kunst, eine gute Rösti zu machen. Das Wichtigste sind die Kartoffeln: Sie müssen vorwiegend festkochend sein. Eine Rösti mit optimaler Kruste kann man nur ab Herbst bis etwa April zubereiten. Danach gibt es Kartoffeln, die bei kühler Lagerung mehr Zucker gebildet haben. Mit diesen bräunt die Rösti nicht gleichmäßig.

Für 4 Personen
Zubereitungszeit: 50 Min.
Kühlzeit: 1 Tag

Für die Rösti:
1 kg vorwiegend festkochende Kartoffeln
Salz
40 g Butter oder Butterschmalz

Am Vortag die Kartoffeln mit der Schale waschen und in Salzwasser weich, aber nicht zu weich garen. Die Kartoffeln abgießen und ausdampfen lassen. Wenn die Kartoffeln abgekühlt sind, über Nacht in den Kühlschrank legen.

Am nächsten Tag die Kartoffeln pellen und auf der Röstireibe (wichtig! Eine andere Reibe ist zu fein) raspeln und mit Salz würzen.

In einer großen Pfanne 30 g Butter oder Butterschmalz sehr stark erhitzen. Die Kartoffelraspel hineingeben und gut umrühren, dann zu einem Fladen zusammenschieben – nicht drücken. Offen bei mittlerer Hitze etwa 15 Minuten knusprig braten. Die Pfanne dabei immer wieder rütteln, damit die Rösti nicht ansetzt. Bei Bedarf noch etwas Butter oder Butterschmalz dazugeben. Die Rösti soll am Rand immer leicht glänzen.

Die Rösti auf einen Teller gleiten lassen und umgedreht zurück in die Pfanne stürzen. Das restliche Butterschmalz in Stückchen am Rand dazugeben. Die Rösti weitere 10 Minuten braten und aus der Pfanne servieren.

Dazu passt ein Wildkräutergemüse (siehe unten) oder Käse. Auch der Käsesalat mit Zwiebeln (siehe Seite 27) schmeckt zur Rösti.

Varianten Fein ist die Rösti auch, wenn man ein paar klein gehackte Sauerampferblätter unter die Kartoffeln mischt. Oder man belegt die fertige Rösti mit dünnen Käsescheiben und stellt sie etwa 10 Minuten in den auf 200 °C vorgeheizten Ofen, bis der Käse schmilzt.

Wildkräutergemüse Dafür 700 g Wildkräuter gründlich waschen, trocken schütteln und die groben Stiele entfernen. Die Kräuter fein hacken. 1 große Zwiebel und 2 Knoblauchzehen schälen, in feine Würfel schneiden und in 1 EL Butter andünsten. Die Kräuter bis auf 1 EL dazugeben und zusammenfallen lassen. 150 g Sahne angießen, alles mit Salz und Pfeffer würzen und offen bei schwacher Hitze ein paar Minuten köcheln lassen. Die Kräuter unterrühren und das Gemüse abschmecken.

Schupfnudeln mit Rahmpilzen

Schupfnudeln sind eine köstliche Spezialität aus Bayern und Österreich, die gerne als Hauptgericht mit Sauerkraut, Pilzen oder einem anderen Gemüse serviert werden. Ich habe mich für die Pilze entschieden.

Für 4 Personen
Zubereitungszeit: 1½ Std.

Für die Schupfnudeln:
800 g vorwiegend festkochende Kartoffeln
Salz
150 g Mehl
1 Ei
1 Eigelb
20 g Butterschmalz

Für die Pilze:
800 g Pilze (ideal: Steinpilze oder Pfifferlinge; auch fein: Egerlinge)
1 EL Zitronensaft
1 große Zwiebel
20 g Butter
2 TL Mehl
150 ml Gemüsebrühe
200 g Sahne
1 kleines Bund Petersilie
Salz
Pfeffer aus der Mühle
gemahlener Kümmel oder frisch geriebene Muskatnuss

Für die Schupfnudeln die Kartoffeln mit der Schale waschen, in Salzwasser weich garen, abgießen und kurz ausdampfen lassen. Noch heiß pellen, durch die Kartoffelpresse drücken und lauwarm abkühlen lassen.

Das Mehl, das Ei, das Eigelb und 3 TL Salz zur Kartoffelmasse geben und alles rasch zu einem glatten Teig verkneten. Die Zutaten nur so lange kneten, bis sie sich verbinden. Wenn sie zu lange geknetet werden, wird der Teig leicht zäh.

Aus dem Teig zweifingerdicke Rollen formen, etwa 1 cm breite Stücke abschneiden und zwischen den bemehlten Händen rund rollen. Dabei die Enden dünner und leicht spitz formen.

In einem großen Topf reichlich Salzwasser aufkochen und die Schupfnudeln darin garen, bis sie an die Oberfläche steigen. Mit dem Schaumlöffel herausheben und in einem Sieb ganz kurz kalt abschrecken. Gut abtropfen lassen.

Für die Pilze die Pilze putzen, mit Küchenpapier trocken abreiben und in feine Scheiben schneiden. Mit dem Zitronensaft mischen. Die Zwiebel schälen und in feine Würfel schneiden. Die Butter in einer großen Pfanne erhitzen und die Zwiebel darin kurz andünsten. Die Pilze dazugeben und unter Rühren bei starker Hitze 2 bis 3 Minuten braten. Das Mehl darüberstäuben und unter Rühren kurz anschwitzen. Die Brühe und die Sahne dazugießen und die Pilze offen bei mittlerer Hitze etwa 10 Minuten köcheln lassen, bis die Sauce sämig ist.

Inzwischen die Petersilie waschen und trocken schütteln, die Blätter abzupfen, fein hacken und unter die Pilze mischen. Mit Salz, Pfeffer und 1 Prise Kümmel oder Muskatnuss abschmecken.

In zwei Pfannen gleichzeitig je 1 EL Butterschmalz erhitzen und die Schupfnudeln darin bei mittlerer Hitze etwa 8 Minuten knusprig braten. Damit sie gleichmäßig braten, die Pfannen immer wieder rütteln. Die Schupfnudeln mit den Rahmpilzen auf Teller verteilen und servieren.

Maluns

Für diese einfache, aber so köstliche Spezialität aus Graubünden braucht es nicht viel: ein paar Kartoffeln, Mehl, ein bisschen Vorausplanung und dann Geduld beim Braten. Besonders wichtig ist, dass man die Kartoffeln mindestens einen Tag, besser zwei Tage im Voraus kocht.

Für 4 Personen
Zubereitungszeit: 1¼ Std.
Kühlzeit: 1–2 Tage

800 g festkochende Kartoffeln
700 g Zwetschgen
100 g Zucker
50 ml trockener Rotwein
1 Stück Zimtstange
1 Gewürznelke
2 Wacholderbeeren
250 g Mehl (Weizenmehl oder Weizenmehl und Buchweizenmehl gemischt)
Salz
Pfeffer aus der Mühle
80 g Butterschmalz
1 geh. EL Butter

Ein bis 2 Tage im Voraus die Kartoffeln waschen und mit der Schale in Salzwasser weich, aber nicht zu weich garen. Abgießen und abkühlen lassen. Dann im Kühlschrank 1 bis 2 Tage ruhen lassen.

Am Zubereitungstag die Zwetschgen waschen, halbieren und entsteinen. Mit dem Zucker und dem Wein oder Wasser in einem Topf aufkochen. Den Zimt, die Gewürznelke und die Wacholderbeeren in ein Tee-Ei füllen und zu den Zwetschgen geben. Offen bei mittlerer bis starker Hitze etwa 10 Minuten köcheln, bis die Flüssigkeit leicht eindickt. In eine Schüssel umfüllen und abkühlen lassen.

Die Kartoffeln pellen und auf der Röstireibe (wichtig! Eine andere Reibe ist zu fein) raspeln. In einer Schüssel locker mit dem Mehl, 1 TL Salz und Pfeffer mit den Fingern mischen, bis die Kartoffeln vom Mehl überzogen sind. Dabei nicht drücken, sonst kleben die Kartoffelraspel zusammen.

In einer großen Pfanne 30 g Butterschmalz erhitzen. Die Kartoffelmasse hineingeben und bei mittlerer Hitze etwa 30 Minuten zu weichen, lockeren Stückchen braten. Dabei immer wieder mit zwei Pfannenwendern lockern und nach und nach das restliche Butterschmalz dazugeben.

Zum Schluss die Butter in Stückchen unterrühren und zerlassen. Die Maluns mit Salz und Pfeffer würzen und mit dem Zwetschgenkompott servieren.

Tipp Wer es herzhafter mag, hobelt etwas Alpkäse in dünne Scheiben und serviert ihn dazu. Traditionell werden die Maluns mit Apfelmus zum Kaffee serviert.

Panierter Käse mit Preiselbeeren

Grantenmarmelad heißen die eingekochten Preiselbeeren in Österreich. Dort wie auch in anderen Bergregionen werden sie nicht nur zu Fleisch, sondern auch zu Käse serviert. Besonders fein zu Ziegenkäse.

Für 4 Personen
Zubereitungszeit: 35 Min.
Ruhezeit: 1 Std.

500 g Preiselbeeren
250 g Zucker
Salz
4 Scheiben fester, aber noch junger Ziegenkäse (à ca. 120 g, knapp 2 cm dick)
2 EL Mehl
60 g Semmelbrösel
2 Eier
30 g Butterschmalz

Die Preiselbeeren verlesen und in stehendem kaltem Wasser waschen. Die Preiselbeeren abtropfen lassen und in einem Topf mit dem Zucker mischen. Mindestens 1 Stunde Saft ziehen lassen.

Die Preiselbeeren aufkochen und offen bei mittlerer Hitze etwa 15 Minuten leicht dickflüssig einköcheln. Die Gelierprobe machen: 1 TL Marmelade auf einen kühlen Teller geben. Wird sie relativ schnell fest, sind die Preiselbeeren fertig. Die Preiselbeeren mit 1 kräftigen Prise Salz abschmecken. Gut die Hälfte in ein sterilisiertes Glas mit Schraubverschluss füllen (etwa 500 ml Inhalt) und sofort verschließen. Den Rest in eine Schüssel geben und abkühlen lassen.

Die Käsescheiben gegebenenfalls entrinden. Das Mehl und die Semmelbrösel jeweils in tiefe Teller geben. Die Eier in einem tiefen Teller verquirlen. Die Käsescheiben zuerst im Mehl wenden, dann durch die Eier ziehen und zum Schluss in den Semmelbröseln wenden.

Das Butterschmalz in einer großen Pfanne erhitzen. Die Käsescheiben darin bei mittlerer Hitze auf jeder Seite etwa 2 Minuten goldbraun braten. Den panierten Käse auf Teller geben und mit den Preiselbeeren servieren. Dazu schmecken Bratkartoffeln.

Käsefondue

Es gilt als das Nationalgericht der Schweizer, und tatsächlich habe ich noch keinen Eidgenossen kennengelernt, der Fondue nicht gern mag. In der Schweiz kauft man den Käse im Käseladen frisch zerkleinert und gemischt und muss sich nur noch auf die Anleitung auf der Tüte verlassen.

Für 4 Personen
Zubereitungszeit: 20 Min.

Für das Fondue:
600 g Käse (z.B. 300 g Greyerzer oder kräftiger Alpkäse und 300 g Emmentaler oder 300 g Greyerzer und 300 g Vacherin)
1 große Knoblauchzehe (siehe Tipp)
300 ml leichter Weißwein (z.B. Chasselas)
3 TL Speisestärke
2 EL Kirschwasser
Pfeffer aus der Mühle
frisch geriebene Muskatnuss

Außerdem:
Brotwürfel und/oder kleine gegarte Kartoffeln
Perlzwiebeln
Cornichons

Für das Fondue den Käse gegebenenfalls entrinden und reiben oder fein raspeln. Den Knoblauch schälen, halbieren und den Caquelon – den typischen Tontopf – oder einen anderen Fonduetopf mit den Schnittflächen ausreiben.

Den Käse mit dem Wein in einem Topf aufkochen. Die Speisestärke mit dem Kirschwasser glatt rühren und die Mischung mit dem Schneebesen unter die Käsemasse schlagen. Alles etwa 2 Minuten köcheln lassen.

Die Käsemasse mit Pfeffer und Muskatnuss abschmecken, nach Belieben Pilze oder Kräuter untermischen (siehe Tipp) und alles in den Caquelon füllen. Mit dem Rechaud auf den Tisch stellen.

Beim Essen spießt jeder ein Brotstück oder ein Stück Kartoffel auf die Fonduegabel und tunkt es in die Käsemasse. Zwischendurch mit dem Brotstück auch mal kräftig durch die Masse rühren, damit sie schön sämig bleibt. Mit Perlzwiebeln und Cornichons servieren.

Tipp Das mit dem Knoblauch ist Geschmackssache. Er ist kein Muss und bringt einen Hauch von Knoblaucharoma. Wer möchte, kann den Käse auch so aromatisieren: mit fein gehacktem Bärlauch, mit getrockneten oder frischen Steinpilzen oder mit etwas geriebenem Schabziger Klee (Käse aus dem Glarner Land).

Raclette Auch dieses Gericht ist aus der Schweiz nicht wegzudenken. Hier gilt nur ein halber Käselaib als echtes Racletteessen. Der wird vor dem Feuer oder in einem Racletteofen erwärmt, bis der Käse zu schmelzen beginnt. Der geschmolzene Teil wird abgeschabt und mit neuen Kartoffeln und ebenfalls mit Cornichons und Silberzwiebeln, Salaten oder auch eingelegten Pilzen oder Essigzwetschgen (siehe Seite 102/103) serviert.

Pilze in Öl

Klassisch zum Fondue sind zwar Perlzwiebeln und Cornichons, aber je mehr auf dem Tisch steht, umso interessanter wird das Fondue- oder Racletteessen. Diese Pilze passen gut als Beilage.

Für 1 Glas (ca. 800 ml)
Zubereitungszeit: 30 Min.
Ruhezeit: mind. 2 Wochen

500 g Steinpilze, Pfifferlinge oder Egerlinge
je 2 TL schwarze Pfefferkörner und Wacholderbeeren
1/4 l Weißwein- oder Apfelessig
Salz
4 Lorbeerblätter (am besten frisch)
einige Zweige (Berg-)Thymian
ca. 300 ml Öl (z.B. Sonnenblumen- oder Olivenöl)

Die Pilze putzen, mit Küchenpapier trocken abreiben und je nach Sorte in Scheiben schneiden (Steinpilze), ganz lassen (Pfifferlinge) oder halbieren bzw. vierteln (Egerlinge).

Je 1 TL Pfefferkörner und Wacholderbeeren in ein Tee-Ei füllen und mit dem Essig und 1/4 l Wasser aufkochen. Den Sud mit Salz abschmecken. Die Pilze dazugeben und offen bei mittlerer Hitze etwa 10 Minuten köcheln lassen.

Die Pilze mit dem Schaumlöffel aus dem Sud heben und auf einem sauberen Küchentuch gut abtropfen lassen.

Die Lorbeerblätter und den Thymian waschen und gut trocken tupfen oder schütteln. Die Pilze mit den Kräutern und den restlichen Pfefferkörnern und Wacholderbeeren in ein sterilisiertes Glas füllen.

Das Öl in einem Topf lauwarm erhitzen und über die Pilze im Glas gießen. Das Glas verschließen und die Pilze mindestens 2 Wochen durchziehen lassen. Nach dem Öffnen im Kühlschrank aufbewahren.

Essigzwetschgen

Nicht nur lecker zu Fondue und Raclette, sondern auch fein zu anderen Gerichten mit Käse, sind die raffinierten Essigzwetschgen. Die Säure hilft, den warmen Käse besser zu verdauen.

Für 1 Glas (ca. 750 ml)
Zubereitungszeit: 20 Min.
Ruhezeit: mind. 2 Wochen

500 g Zwetschgen
150 ml Rotweinessig
1 Zimtstange
200 g brauner Zucker
1 Gewürznelke
1 Lorbeerblatt

Die Zwetschgen waschen und gut trocken tupfen. Dann halbieren, entsteinen und in eine Schüssel legen.

Den Essig mit 150 ml Wasser in einem Topf mischen. Die Zimtstange halbieren und mit dem Zucker, der Gewürznelke und dem Lorbeerblatt dazugeben. Alles aufkochen und heiß über die Zwetschgen gießen. Die Zwetschgen zugedeckt 24 Stunden ziehen lassen.

Die Zwetschgen aus dem Sud nehmen und in ein sterilisiertes Glas füllen. Den Sud noch einmal aufkochen und so viel davon über die Zwetschgen gießen, dass sie ganz damit bedeckt sind.

Das Glas verschließen und die Zwetschgen mindestens 2 Wochen durchziehen lassen. Nach dem Öffnen im Kühlschrank aufbewahren.

Variante Senfbirnen Auch fein zu Fondue, Raclette und Käse: Für Senfbirnen 100 ml Birnensaft mit 150 ml Wasser, 2 EL Essig und 100 g braunem Zucker aufkochen. 500 g kleine Birnen vierteln, schälen und die Kerngehäuse entfernen. Den Sud mit Salz und 1 EL Zitronensaft abschmecken und die Birnen darin bei mittlerer Hitze offen 3 bis 5 Minuten bissfest garen.

Die Birnen herausnehmen und in ein sterilisiertes Glas (etwa 800 ml Inhalt) füllen. Den Sud etwa 10 Minuten bei starker Hitze einkochen und 2 EL Senfmehl unterrühren. Den Sud über die Birnen gießen, das Glas verschließen und die Birnen mindestens 1 Woche durchziehen lassen.

DEFTIGES

aus dem Ofen

Wildkräuterstrudel mit jungem Käse

Rund um alle Alphütten wachsen Brennnesseln und Guter Heinrich. Man muss also nur zugreifen, um diesen feinen und gesunden Strudel zuzubereiten. Oder aber viele verschiedene gekaufte Kräuter und Spinat mischen.

Für 2 Strudel (4–6 Personen)
Zubereitungszeit: 50 Min.
Backzeit: 45 Min.

Für den Teig:
250 g Mehl
Salz
2 EL Öl
1 Ei
50 g Butter

Für die Füllung:
1 Handvoll junge Sauerampferblätter (ersatzweise Kresse oder Zitronenmelisse)
250 g junger Käse (z.B. gesalzener Ziger, Ziegenfrischkäse oder Ricotta)
ca. 500 g gemischte Wildkräuter (z.B. Brennnesseln und Guter Heinrich)
Salz
Pfeffer aus der Mühle
1 kleine Handvoll (Berg-)Thymian (am besten mit Blüten)

Für den Teig das Mehl mit 1 TL Salz mischen. Das Öl, das Ei und 80 ml lauwarmes Wasser dazugeben und alles mit den Händen kräftig zu einem glatten, geschmeidigen und seidig glänzenden Teig kneten. Falls nötig, noch etwas Wasser dazugeben. Den Teig zu einer Kugel formen, in Butterbrotpapier wickeln und in einem heißen Topf (siehe Tipp Seite 136) 30 Minuten ruhen lassen.

Für die Füllung den Sauerampfer waschen und trocken tupfen. Die Blättchen fein hacken. Den Käse in kleine Stücke schneiden oder krümeln und mit dem Sauerampfer mischen. Die Wildkräuter waschen, grobe Stiele entfernen. In einem Topf reichlich Salzwasser aufkochen und die Kräuter darin 1 bis 2 Minuten blanchieren und zusammenfallen lassen. In ein Sieb abgießen, kalt abschrecken, abtropfen lassen, ausdrücken und grob hacken. Mit Salz und Pfeffer würzen. Den Thymian waschen und trocken schütteln, Blättchen und Blüten abzupfen.

Den Teig halbieren, 1 Portion wieder in den Topf legen, die andere zuerst mit dem Nudelholz sehr dünn auf einem bemehlten Küchentuch ausrollen, dann über den Handrücken hauchdünn ausziehen. Die Butter zerlassen.

Den Teig mit flüssige Butter bestreichen, mit der Hälfte der Kräutermischung belegen mit der Hälfte des Thymians bestreuen. Die Hälfte des Sauerampfer-Käses mit einem Teelöffel abstechen und darauf verteilen. Die Teigränder nach innen über die Füllung klappen. Das Tuch an einer Längsseite leicht anheben, bis der Teig beginnt, sich aufzurollen. Den Strudel ganz aufrollen und auf der Nahtseite in eine ofenfeste Form oder auf ein mit Backpapier belegtes Blech legen.

Den Backofen auf 180 °C vorheizen. Den zweiten Strudel ebenso zubereiten, aufrollen und die Form gleiten lassen. Die Strudel mit etwas flüssiger Butter bestreichen und im Ofen auf der mittleren Schiene etwa 45 Minuten backen. Zwischendurch ein- bis zweimal mit der übrigen Butter bestreichen. Herausnehmen und kurz ruhen lassen. In Stücke schneiden, auf Teller verteilen und servieren. Dazu schmeckt Salat.

Käseschnitte

Käseschnitten bekommt man in der Schweiz auf jeder Hütte. Die berühmteste ist sicher die „Militär-Käseschnitte", das Vorbild für dieses Rezept. Das Original wurde allerdings in der Pfanne gebraten, weil die Soldaten natürlich keinen Backofen dabeihatten.

Zubereitungszeit: 20 Min.
Backzeit: 10 Min.

Butter für die Form
400 g würziger Käse (z.B. Greyerzer)
4 Eier
50 ml Milch
1 EL Mehl
Salz
Pfeffer aus der Mühle
frisch geriebene Muskatnuss
8 Scheiben Mischbrot (ca. 250 g)
4 EL Weißwein

Den Backofen auf 220 °C vorheizen. Eine große ofenfeste Form mit Butter einfetten. Den Käse gegebenenfalls entrinden, dann fein raspeln. Die Eier mit der Milch und dem Mehl verquirlen, den Käse unterrühren und alles mit Salz, Pfeffer und Muskatnuss abschmecken.

Die Brotscheiben nebeneinander in die Form legen. Den Wein darüberträufeln und die Käsemischung auf den Broten verteilen.

Die Brote im Ofen auf der mittleren Schiene etwa 10 Minuten backen, bis die Käsemasse schön gebräunt ist. Die Käseschnitten herausnehmen, kurz ruhen lassen und dann servieren. Dazu schmeckt Salat.

Tipp Man bekommt die Käseschnitte meistens pur serviert, manchmal wird sie aber auch mit einem Spiegelei garniert. Wer noch ein bisschen Gemüse mit ins Spiel bringen will, kann vor dem Backen ein paar Tomatenscheiben auf die Brote legen und die Käsemischung darauf verteilen.

Polenta-Wirsing-Gratin

Polenta ist die Basis für viele Spezialitäten der Alpenküche – und das nicht nur in Italien und im Tessin. Reger Handel von Schweizer Käse gegen Getreide aus Italien ermöglichte schon vor langer Zeit die Verbreitung.

Für 4 Personen
Zubereitungszeit: 50 Min.
Backzeit: 30 Min.

Salz
200 g Polenta (am besten Mais- und Buchweizen gemischt: Polenta taragna)
300 g Bergkäse
40 g Butter
Pfeffer aus der Mühle
1 kleiner Wirsing (ca. 500 g)
1 Handvoll (Berg-)Thymian oder Majoran
2 Birnen
2 EL milder heller Essig oder 1½ EL Zitronensaft
2 EL Walnussöl

In einem Topf ¾ l Salzwasser aufkochen. Die Polenta einrühren und bei schwacher Hitze mit geschlossenem Deckel etwa 30 Minuten garen, dabei ab und zu umrühren.

Etwa 100 g Käse raspeln. 2 EL Butter in Stückchen schneiden und mit dem Käse unter die Polenta rühren. Die Polenta mit Salz und Pfeffer abschmecken, gut 1 cm dick auf ein Brett streichen, abkühlen und fest werden lassen.

Die äußeren Blätter des Wirsings entfernen, den Wirsing vierteln und den harten Strunk herausschneiden. Die Viertel in Streifen schneiden. In einem Topf reichlich Salzwasser aufkochen und den Wirsing darin etwa 5 Minuten bissfest blanchieren. In ein Sieb abgießen, kalt abschrecken und abtropfen lassen.

Den Thymian waschen, trocken schütteln und die Blättchen abzupfen. Von den Wirsingstreifen etwa 3 EL abnehmen und beiseitestellen. Den restlichen Wirsing mit dem Thymian mischen und mit Salz und Pfeffer abschmecken.

Den Backofen auf 200 °C vorheizen. Die Polenta in etwa 1 cm große Würfel schneiden und locker mit dem Wirsing mischen. Die Mischung in eine ofenfeste Form geben, den restlichen Käse raspeln und darauf verteilen. Die übrige Butter in Stückchen daraufsetzen.

Das Gratin im Ofen auf der mittleren Schiene etwa 40 Minuten backen, bis der Käse geschmolzen und goldbraun ist.

Inzwischen die Birnen vierteln, schälen und die Kerngehäuse entfernen. Die Viertel in kleine Würfel schneiden und mit dem Essig oder dem Zitronensaft und dem Öl verrühren. Den beiseitegelegten Wirsing fein hacken und untermischen, mit Salz und Pfeffer abschmecken.

Das Polenta-Wirsing-Gratin aus dem Ofen nehmen, auf Teller verteilen und die Birnen-Vinaigrette darüberlöffeln. Sofort servieren.

Herbstzeit
KASTANIENZEIT

In Südtirol sind nun die Alphütten winterfest gemacht und alle Tiere wieder sicher im Tal angekommen. Der Herbst färbt die Blätter kunterbunt, und die letzten Sonnenstrahlen legen ein ganz besonderes, klares und doch weiches Licht über die Landschaft.

Jetzt liegt da und dort ein köstlicher Duft in der Luft, und man hört es hin und wieder in den Häusern kräftig rütteln und schütteln. Was mag das sein? Eine geniale Erfindung, wie wir herausfinden: ein Keschtnriggl, ja, so heißt das „Ding“ bei den Einheimischen und ist ein aus Kastanienholz geflochtener länglicher Korb mit zwei Haltegriffen. Ausgedacht haben sich das die Südtiroler, um die gerösteten Kastanien zu schälen. Die heißen Kastanien (Keschtn) werden in diesen Riggl gefüllt und so lange geschüttelt, bis sich die rußigen Schalen von den köstlichen Früchten lösen. Und dem einfachsten und dabei so köstlichen Genuss beim Törggelen steht nichts mehr im Weg: „Auf drei Keschtn a Glasl Wein“, wie man in Südtirol gerne sagt. Ein paar Scheiben Südtiroler Speck dazu oder auch nur etwas Käse und das würzige knusprige Schüttelbrot. Was will man mehr? Kein Wunder also, dass der Herbst so viele Besucher nach Südtirol zieht. Denn hier gibt es nicht nur besonders aromatische Kastanien, sondern die Tradition des Törggelen mit jungem Wein und den heimischen Spezialitäten wird hochgehalten. Und auch die fröhliche Runde in den Buschenschänken wie dem Johannserhof in Villanders ist eine Reise allemal wert.

Edelkastanie oder Esskastanie heißen die Kastanien offiziell, in Tirol Maroni, in der Schweiz Marroni und in Südtirol eben Keschte. Noch heute wächst der imposante

Baum aus der Familie der Buchengewächse vor allem in Tirol, in Südtirol und im Tessin. Er dient den Menschen seit vielen Jahrhunderten als Holzlieferant und schenkt ihnen eine gesunde und sättigende Mahlzeit. Frisch geröstet, getrocknet oder zu Mehl vermahlen, ist die Edelkastanie Bestandteil vieler traditioneller Gerichte, sei es als Suppe, als würzige Beigabe bei der Nudelherstellung oder auch im Dessert.

Von den gewöhnlichen Kastanien kann man sie leicht unterscheiden: Edelkastanien sitzen in einer stacheligen Hülle, die zu Boden fällt und sich öffnet, wenn die Kastanien reif sind. Wilde Formen produzieren recht kleine Früchte, Kulturformen hingegen große und fleischige Kastanien, die mit einem feinen, süßlichen und nussigen Geschmack aufwarten. Kastanien enthalten eine Menge Kohlenhydrate und wesentlich weniger, aber nicht minder hochwertiges Fett als andere Nüsse; sie sind also um einiges kalorienärmer. Außerdem haben sie ziemlich viel Eiweiß und eine ganze Menge an Vitaminen und Mineralstoffen zu bieten.

Und so werden geröstete Kastanien gemacht: Die Kastanien mit einem scharfen Messer auf der gewölbten Seite über Kreuz einschneiden und auf einem Backblech verteilen. Jetzt kann man sie im Backofen bei ungefähr 200 °C etwa 20 Minuten rösten, bis sich die Schale aufbiegt. Oder man röstet sie in einer großen Pfanne direkt über dem Feuer oder auf dem Grill. Die Pfanne dabei immer wieder kräftig schütteln, damit die Kastanien gleichmäßig garen. Und sie dürfen außen ruhig ziemlich schwarz werden, die Schale isst man ja nicht mit. Jetzt noch ein bisschen Geduld, bis sie so weit abgekühlt sind, dass man sie anfassen kann. Dann schälen und genießen!

Kümmelkartoffeln und Rote Bete mit Kräutertopfen

Ein Gericht, das man eigentlich auf jeder Hütte, die eine Küche mit Backofen hat, zubereiten kann. Ob mit Roter Bete oder anderem Gemüse. Und immer mit den Kräutern im Topfen, die gerade zur Verfügung stehen.

Für 4 Personen
Zubereitungszeit: 30 Min.
Backzeit: 25 Min.

900 g festkochende mittelgroße Kartoffeln
3 EL Öl
Salz
2 EL ganzer Kümmel
700 g Rote Beten (oder andersfarbige Beten)
1 Ei
1 Bund Schnittlauch
1 Handvoll gemischte Kräuter (z.B. Spitzwegerich, Löwenzahn, Bärlauch, Borretsch und Rucola)
500 g Topfen oder Speisequark
100 g saure Sahne
100 g süße Sahne
Pfeffer aus der Mühle
1 TL Paprikapulver (edelsüß)
1/2 TL Paprikapulver (rosenscharf)

Den Backofen auf 200 °C vorheizen. Das Backblech bereitstellen.

Die Kartoffeln unter fließendem Wasser gründlich bürsten oder schälen und abtrocknen. Der Länge nach halbieren und mit 2 EL Öl und Salz mischen. Die Kartoffelhälften mit der Schnittfläche in den Kümmel tauchen und mit der Schnittfläche nach unten auf das Backblech setzen.

Die Roten Beten schälen und achteln. Mit dem restlichen Öl und etwas Salz mischen und neben die Kartoffeln auf das Blech legen.

Die Gemüse im Ofen auf der mittleren Schiene etwa 25 Minuten weich backen. Die Roten Beten dabei einmal durchrühren.

Inzwischen das Ei etwa 10 Minuten hart kochen, kalt abschrecken und abkühlen lassen. Das Ei pellen und halbieren. Das Eigelb herauslösen und in einer Schüssel mit einer Gabel zerdrücken, das Eiweiß fein hacken. Den Schnittlauch und die gemischten Kräuter waschen und trocken schütteln. Den Schnittlauch in Röllchen schneiden, von den gemischten Kräutern die groben Stiele entfernen und die Kräuter fein hacken.

Den Topfen oder Quark, die saure und die süße Sahne mit dem Eigelb verrühren. Mit Salz, Pfeffer und beiden Paprikasorten würzen. Die Kräuter und das Eiweiß unterrühren und das Ganze nochmals abschmecken.

Die Gemüse aus dem Ofen nehmen und mit dem Kräutertopfen servieren.

Capuns

Diese Mangoldröllchen aus dem Bündnerland werden mal vegetarisch, mal mit Bündner Fleisch oder Salsiz (lufgetrockneter Wurst) in der Füllung zubereitet. Mit Gemüse und Kräutern sind sie besonders köstlich.

Für 4 Personen
Zubereitungszeit: 45 Min.
Backzeit: 25 Min.

200 g Mehl
Salz
2 Eier
100 ml Milch
20 große oder 40 kleine Mangoldblätter mit dünnen Stielen (am besten gelbe und rote gemischt)
1 Zwiebel
1 Möhre (ca. 150 g)
1 Stück Knollensellerie (ca. 150 g)
das Grün von 3 Frühlingszwiebeln
20 g Butter
1 große Handvoll gemischte Kräuter (z.B. Majoran, Thymian, Minze, Ringelblumenblätter und Petersilie)
200 g Alpkäse
Pfeffer aus der Mühle
1/4 l Gemüsebrühe
200 g Sahne

Das Mehl mit 1 gestrichenen TL Salz in einer Schüssel mischen. Die Eier und die Milch dazugeben und alles gründlich zu einem eher zähflüssigen Teig verrühren.

Den Mangold waschen, die Stiele abschneiden und etwa 150 g davon in kleine Würfel schneiden. In einem Topf reichlich Salzwasser aufkochen und die Mangoldblätter darin blanchieren, bis sie biegsam werden. Mit dem Schaumlöffel herausheben, vorsichtig kalt abschrecken und abtropfen lassen.

Die Zwiebel, die Möhre und den Sellerie schälen und in feine Würfel schneiden. Das Frühlingszwiebelgrün waschen, trocken schütteln und in feine Ringe schneiden. Die Butter in einer Pfanne erhitzen. Die Zwiebel mit den Gemüsewürfeln – einschließlich der gehackten Mangoldstiele – dazugeben, mit Salz würzen und unter Rühren bei mittlerer Hitze etwa 5 Minuten dünsten. Das Frühlingszwiebelgrün untermischen und alles lauwarm abkühlen lassen.

Die Kräuter waschen und trocken schütteln, die Blätter abzupfen und fein hacken. Den Käse gegebenenfalls entrinden und fein reiben. Das Gemüse und die Kräuter mit 2 EL geriebenem Käse unter den Teig rühren und die Mischung mit Salz und Pfeffer abschmecken.

Den Backofen auf 180 °C vorheizen. Jeweils 1 EL Füllung auf 1 großes oder 1/2 EL auf ein kleines Mangoldblatt setzen, die Blattränder nach innen einschlagen und die Blätter aufrollen. Die Päckchen auf der Nahtseite in eine ofenfeste Form setzen. Die Brühe mit der Sahne verrühren, mit Salz und Pfeffer abschmecken und um die Päckchen in die Form gießen.

Die Päckchen im Ofen auf der mittleren Schiene etwa 25 Minuten garen. Aus dem Ofen nehmen, wenden, mit dem restlichen Käse bestreuen und kurz ruhen lassen. Mit der Sahnesauce servieren.

Brennnessel-Kasspatzen

Eine Spezialität aus dem Allgäu, wo in der Regel einfache Spätzle zubereitet und mit dem Käse geschichtet werden. Durch die Brennnesseln – oder auch Spinat, Giersch oder Guten Heinrich – bekommen sie noch mehr Pep.

Für 4 Personen
Zubereitungszeit: 1 Std.
Backen: 10 Min.

200 g zarte Brennnesseln
Salz
300 g Mehl
3 Eier
250 g Berg- oder Alpkäse (am besten junger und alter gemischt)
2 große Zwiebeln
20 g Butter
Pfeffer aus der Mühle

Die Brennnesseln waschen und abtropfen lassen. In einem Topf reichlich Salzwasser aufkochen und die Brennnesseln darin blanchieren und zusammenfallen lassen. In ein Sieb abgießen, kalt abschrecken, abtropfen lassen und die Flüssigkeit mit den Händen gut herausdrücken.

Die Brennnesseln grob hacken und mit 100 ml Wasser mit dem Stabmixer möglichst fein pürieren. Das Püree mit dem Mehl und 1 gehäuften TL Salz in einer Schüssel mischen. Die Eier und noch etwa 100 ml lauwarmes Wasser dazugeben und alles gründlich zu einem weichen, zähflüssigen Teig verrühren, der leicht reißend vom Löffel fällt. Den Teig etwa 30 Minuten quellen lassen.

Inzwischen den Käse gegebenenfalls entrinden und reiben. Die Zwiebeln schälen und in feine Ringe schneiden. Die Butter in einer Pfanne erhitzen. Die Zwiebeln dazugeben, mit Salz würzen und bei mittlerer Hitze etwa 5 Minuten weich dünsten. Dann die Hitze erhöhen und die Zwiebeln etwa 5 Minuten goldbraun braten.

In einem großen Topf reichlich Salzwasser aufkochen. Den Spätzleteig portionsweise mit dem Spätzlehobel ins kochende Wasser hobeln. Die Spätzle einmal aufkochen, mit dem Schaumlöffel herausheben und in einem Sieb kurz kalt abschrecken. Die nächste Portion ins Wasser hobeln.

Den Backofen auf 200 °C vorheizen. Die Spätzle portionsweise in eine ofenfeste Form oder Pfanne geben und mit reichlich Käse bestreuen. Wenn alle Spätzle und der ganze Käse in die Form geschichtet sind, die Zwiebelringe darauf verteilen. Die Brennnessel-Kasspatzen im Ofen auf der mittleren Schiene etwa 10 Minuten backen. Herausnehmen, kurz ruhen lassen und servieren. Dazu schmeckt Tomatensalat.

Zwiebel-Käse-Quiche

Diesen pikanten Kuchen oder diese Wähe – wie man in der Schweiz sagt – kann man außer mit Zwiebeln mit allerlei anderem Gemüse oder Kräutern zubereiten. Diese ebenfalls vorher andünsten oder kurz blanchieren.

Für 4 Personen bzw. 1 Tarteform (30 cm Durchmesser)
Zubereitungszeit: 30 Min.
Ruhezeit: 1 Std.
Backzeit: 35 bis 40 Min.

Für den Teig:
225 g Mehl
Salz
120 g kalte Butter
1 Ei

Für den Belag:
500 g Zwiebeln
1 EL Butterschmalz
Salz
Pfeffer aus der Mühle
1 TL ganzer Kümmel
150 g Greyerzer oder anderer würziger Käse
150 g Sahne
3 Eier

Für den Teig das Mehl mit 1 TL Salz mischen. Die Butter in kleine Würfel schneiden und mit dem Ei dazugeben. Alles mit den Händen zu einem glatten Teig verkneten, dabei etwa 3 EL kaltes Wasser einarbeiten.

Den Teig zu einer Kugel formen und zwischen zwei Lagen Backpapier rund ausrollen. Die Tarteform mit dem Teig auslegen und dabei einen etwa 2 cm hohen Rand formen. Den Rand gerade abschneiden. Die Form zugedeckt etwa 1 Stunde in den Kühlschrank stellen.

Inzwischen für den Belag die Zwiebeln schälen und in feine Würfel schneiden. Das Butterschmalz in einer Pfanne erhitzen und die Zwiebeln darin bei mittlerer Hitze unter Rühren etwa 10 Minuten dünsten. Mit Salz, Pfeffer und Kümmel würzen.

Den Käse gegebenenfalls entrinden und grob raspeln. Mit den Zwiebeln vermischen und auf dem gekühlten Teigboden verteilen.

Den Backofen auf 200 °C vorheizen. Die Sahne und die Eier mit dem Schneebesen cremig schlagen und mit wenig Salz und reichlich Pfeffer würzen. Auf der Zwiebelmischung verteilen.

Die Quiche im Ofen auf der mittleren Schiene 35 bis 40 Minuten goldbraun backen. Herausnehmen, etwa 10 Minuten ruhen lassen, in Stücke schneiden und heiß oder lauwarm genießen.

Tipp Sie können die Zwiebel-Käse-Quiche für Gäste auch in vier kleinen Förmchen (à etwa 10 cm Durchmesser) zubereiten. Die Backzeit reduziert sich dann auf 30 bis 35 Minuten.

Manfriguli

Die gefüllten Buchweizenpfannkuchen kommen aus der Gegend von Grosio im Veltlin. Früher weichten die Bauern altbackenes Brot oder Brotkrümel in Milch oder Sahne ein und formten Bällchen daraus, die sie als Proviant mit auf die Bergweiden nahmen. Daraus entwickelte sich diese Spezialität.

Für 4 Personen
Zubereitungszeit: 50 Min.
Backzeit: 20 Min.

Für die Pfannkuchen:
1 EL Butter
90 g Buchweizenmehl
50 g Weizenmehl
Salz
2 Eier
220 ml Milch
2 EL Öl

Für die Füllung:
200 g altbackenes Brot
150 ml Milch
200 g Sahne
1 Handvoll Kräuter
(z.B. Borretsch und Löwenzahn)
300 g Käse (z.B. Casera
oder Asiago)
Salz
Pfeffer aus der Mühle
frisch geriebene Muskatnuss

Außerdem:
Butter für die Form und zum
Überbacken

Für die Pfannkuchen die Butter zerlassen. Die beiden Mehlsorten mit 1 TL Salz in einer Schüssel mischen. Die Eier und die Milch mit der Butter nach und nach unterrühren. Den Teig etwa 30 Minuten quellen lassen.

Etwas Öl in einer Pfanne erhitzen. 1 Schöpflöffel Teig in die Pfanne geben, durch Schwenken verteilen und bei mittlerer Hitze backen, bis der Teig fest ist. Wenden und noch kurz weiterbacken, dann herausheben und auf einem Teller beiseitelegen. Aus dem restlichen Teig weitere Pfannkuchen backen.

Für die Füllung das Brot in kleine Würfel schneiden und in eine Schüssel legen. Die Milch und die Sahne darübergießen. Die Kräuter waschen, trocken schütteln und sehr fein hacken. Den Käse gegebenenfalls entrinden, in Würfel schneiden und mit dem Brot sowie der Einweichflüssigkeit in der Küchenmaschine fein zerkleinern. Die Kräuter untermischen und die Füllung mit Salz, Pfeffer und Muskatnuss abschmecken.

Den Backofen auf 200 °C vorheizen und eine ofenfeste Form mit Butter einfetten. Die Pfannkuchen mit der Brot-Käse-Masse bestreichen, locker aufrollen und schräg in 3 bis 4 cm dicke Scheiben schneiden. Mit einer Schnittfläche nach oben dachziegelartig in die Form legen. 3 EL Butter in Stückchen auf der Oberfläche verteilen und die Manfriguli im Ofen auf der mittleren Schiene etwa 20 Minuten backen.

Walliser Kartoffelkuchen

Fast in allen Alpenregionen werden Äpfel angebaut, ob in Südtirol, im Veltlin oder eben im Wallis. Mit Käse und Kartoffeln gehen sie eine besondere und feine Verbindung ein!

Für 1 Springform
(26 cm Durchmesser)
Ruhezeit: 1 Tag
Zubereitungszeit: 1 Std.
Backzeit: 50 Min.

400 g vorwiegend festkochende Kartoffeln
Salz
300 g Mehl
125 g kalte Butter
75 ml Weißwein
1 dicke Stange Lauch
1 EL Butter
2 säuerliche Äpfel
200 g würziger Bergkäse
2 EL (Berg-)Thymianblättchen
Pfeffer aus der Mühle
1 Ei
100 g Sahne
1 Eigelb
1 EL Milch

Am Vortag die Kartoffeln mit der Schale waschen und in Salzwasser weich, aber nicht zu weich garen. Die Kartoffeln abgießen, ausdampfen und abkühlen lassen. Bis zum nächsten Tag in den Kühlschrank legen.

Am nächsten Tag das Mehl mit 1 TL Salz mischen. Die kalte Butter in kleine Würfel schneiden, mit dem Wein dazugeben und alles zu einem glatten, geschmeidigen Teig verkneten. Zu einer Kugel formen, in Frischhaltefolie wickeln und mindestens 30 Minuten in den Kühlschrank legen.

Inzwischen den Lauch putzen, gründlich waschen und in feine Streifen schneiden. Die Butter in einer Pfanne erhitzen, den Lauch dazugeben, mit Salz würzen und bei mittlerer Hitze unter Rühren etwa 5 Minuten dünsten.

Die Äpfel vierteln, schälen und die Kerngehäuse entfernen. Die Viertel in dünne Scheiben schneiden. Den Käse gegebenenfalls entrinden und grob raspeln. Die Kartoffeln pellen und in dünne Scheiben schneiden. Den Lauch mit den Äpfeln und dem Thymian mischen, mit Salz und Pfeffer abschmecken.

Zwei Drittel des Teiges abnehmen, zu einer Kugel formen und zwischen zwei Lagen Backpapier rund (32 cm Durchmesser) ausrollen. Die Springform mit dem Teig auslegen und dabei einen etwa 4 cm hohen Rand formen. Die Hälfte der Kartoffelscheiben einschichten, mit Salz würzen und mit etwas Käse bestreuen. Die Hälfte der Lauchmischung darauf verteilen und ebenfalls mit Käse bestreuen. Die restlichen Kartoffeln und den übrigen Lauch ebenso einschichten und mit Käse bestreuen. Das Ei mit der Sahne verrühren, mit Salz und Pfeffer würzen und darübergießen.

Den Backofen auf 180 °C vorheizen. Den restlichen Teig zu einem Kreis (26 cm Durchmesser) ausrollen, auf die Füllung legen und mit einer Gabel mehrmals einstechen. Die Ränder gut andrücken. Den Kartoffelkuchen im Ofen auf der mittleren Schiene etwa 30 Minuten backen.

Das Eigelb mit der Milch verquirlen. Den Kuchen aus dem Ofen nehmen und den Teigdeckel damit bestreichen. Den Kuchen im Ofen weitere 20 Minuten goldbraun backen. Herausnehmen und 10 Minuten ruhen lassen. In Stücke schneiden und warm servieren.

MEHLSPEISEN

und Gebäck

Kaiserschmarren mit Brombeerkompott

Unter Bergwanderern in Bayern und Tirol gilt als Gütezeichen für eine Berghütte der Kaiserschmarren, der dort serviert wird. Dieser hier schmeckt mir daheim am besten!

Für 4 Personen als Hauptgericht oder für 8 als Dessert
Zubereitungszeit: 40 Min.

Für das Kompott:
500 g Brombeeren
4 Zweige (Berg-)Thymian
125 ml trockener Rotwein
60 g Zucker

Für den Schmarren:
6 Eier
Salz
¼ l Milch
5 EL Puderzucker
250 g Mehl
40 g Butter

Außerdem:
Puderzucker zum Bestäuben

Für das Kompott die Brombeeren verlesen, waschen und trocken tupfen. Den Thymian waschen, trocken schütteln und die Blättchen abzupfen.

Den Wein mit dem Zucker in einem Topf bei starker Hitze etwa 5 Minuten leicht dickflüssig einkochen. Die Brombeeren und den Thymian dazugeben, einmal kräftig aufkochen und auf dem abgeschalteten Herd nachziehen und abkühlen lassen.

Für den Schmarren die Eier trennen. Die Eiweiße mit 1 Prise Salz zu steifem Schnee schlagen. Die Eigelbe mit der Milch, der Hälfte des Puderzuckers und dem Mehl glatt verrühren. Den Eischnee vorsichtig unterheben.

Den Backofen auf 100 °C vorheizen. In einer großen Pfanne 1 EL Butter erhitzen. Die Hälfte des Teiges hineingeben und bei mittlerer Hitze etwa 5 Minuten backen, bis er an der Unterseite fest und goldbraun ist. Den Teig auf einen Teller gleiten lassen, zurück in die Pfanne stürzen und etwa 2 Minuten backen.

Den Teig mit einer Teigkarte in Stücke teilen. 1 EL Butter in kleine Stücke schneiden und etwas Puderzucker dazugeben. Den Schmarren unter Rühren etwa 3 Minuten goldbraun backen und im Ofen warm halten. Den restlichen Teig ebenso verarbeiten. Den fertigen Kaiserschmarren auf Teller verteilen, mit Puderzucker bestäuben und mit dem Brombeerkompott servieren.

Tipp – Statt des Kompotts aus Brombeeren passt zum Kaiserschmarren auch Apfel-, Kirsch- oder Zwetschgenkompott. Auf vielen Hütten wird Apfelmus dazu serviert. Ein richtig guter Kaiserschmarren wird übrigens immer frisch gemacht. Auf der Hütte sollte man also mindestens 20 Minuten darauf warten müssen.

Germknödel mit Blaubeerfüllung

Diese süßen Knödel haben ihren Namen von der bayerischen und österreichischen Bezeichnung für Hefe – Germ. Sie sind ein Klassiker in beiden Küchen. Gefüllt werden sie oft auch mit Powidl (Pflaumenmus).

Für 4 Personen als Hauptgericht oder für 8 als Dessert
Zubereitungszeit: 45 Min.
Ruhezeit: 1¼ Std.

Für die Knödel:
250 g Blaubeeren
1 EL Zitronensaft
30 g Zucker
100 ml Milch
15 g frische Hefe
2 Päckchen Vanillezucker
250 g Mehl
Salz
1 Ei

Für die Vanillesauce:
1 dicke Vanilleschote
½ l Milch
2 Eier
30 g Zucker
2 TL Speisestärke

Für die Knödel die Blaubeeren verlesen, waschen und trocken tupfen. Mit dem Zitronensaft und dem Zucker in einem Topf erhitzen und etwa 5 Minuten weich köcheln. Abkühlen lassen.

Inzwischen die Milch lauwarm erhitzen. Die Hefe zerkrümeln und mit 1 TL Vanillezucker und der Milch gut verrühren. Das Mehl mit 1 kräftigen Prise Salz und dem Rest des Vanillezuckers mischen. Die Hefemilch und das Ei dazugeben und alles mit den Knethaken des Handrührgeräts zu einem glatten Teig verkneten. Den Teig zugedeckt an einem warmen Ort etwa 1 Stunde gehen lassen, bis sich sein Volumen etwa verdoppelt hat.

Den Teig in 8 Stücke teilen. Jedes Stück rund formen, in der Hand flach drücken und etwas Blaubeerkompott daraufsetzen. Den Teig darüber wieder vorsichtig zu einem runden Knödel formen. Die anderen Teigportionen ebenso füllen und formen. Die Knödel nebeneinander auf ein Brett legen und zugedeckt etwa 15 Minuten gehen lassen.

In einem großen Topf 2 l Salzwasser aufkochen. Die Hitze reduzieren und die Knödel darin etwa 15 Minuten gar ziehen lassen. Das Wasser soll dabei nicht kochen, damit die Knödel nicht aufplatzen.

Inzwischen für die Sauce die Vanilleschote der Länge nach aufschneiden und das Mark mit dem Messerrücken herauskratzen. Das Mark und die Schote mit der Milch aufkochen, vom Herd nehmen und 10 Minuten ziehen lassen. Die Eier trennen. Die Eigelbe mit dem Zucker und der Speisestärke in einem anderen Topf gut verrühren.

Die Vanillemilch nach und nach durch ein Sieb dazugießen und mit dem Schneebesen gut unterrühren. Die Sauce bei mittlerer bis starker Hitze unter Rühren erhitzen und einmal kurz aufpuffen lassen, bis sie dickflüssig wird. Dann sofort vom Herd ziehen. Die Eiweiße zu steifem Schnee schlagen und unter die warme Sauce heben. Die Sauce noch einmal kräftig durchrühren.

Die Knödel mit dem Schaumlöffel aus dem Wasser heben, auf tiefe Teller verteilen und die Vanillesauce danebengießen. Warm servieren.

Tipp Statt mit Vanillesauce schmecken die Germknödel auch mit Mohnbutter. Dafür 50 g Mohnsamen mit 100 g Butter erwärmen, die Butter dabei ganz leicht bräunen.

Brotauflauf mit Zwetschgen

Brot bleibt eigentlich täglich auf jeder Hütte übrig. Topfen machen die Senner meist selbst, und ein paar Früchte sind in der Regel auch aufzutreiben. Schon ist ein feiner Auflauf im Ofen!

Für 4 Personen als Hauptgericht oder für 8 als Dessert
Zubereitungszeit: 30 Min.
Backzeit: 40 Min.

250 g altbackenes Weiß-, Misch- oder Roggenbrot
1/2 l Milch
600 g Zwetschgen
1 Päckchen Vanillezucker
Butter für die Form
3 Eier
100 g Zucker
1/2 TL Zimtpulver
250 g Topfen oder Speisequark
20 g Butter

Das Brot in dünne Scheiben schneiden und in eine Schüssel legen. Die Milch lauwarm erhitzen und darübergießen. Die Zwetschgen waschen, halbieren, entsteinen und in Spalten schneiden. Mit dem Vanillezucker mischen.

Den Backofen auf 180 °C vorheizen. Eine rechteckige ofenfeste Form mit Butter einfetten.

Die Eier trennen. Die Eigelbe mit dem Zucker und dem Zimt schaumig rühren, den Topfen oder Quark unterrühren. Das Brot aus der Milch nehmen und abtropfen lassen. Die in der Schüssel verbliebene Milch unter die Topfencreme rühren. Die Eiweiße zu steifem Schnee schlagen und ebenfalls unter die Topfencreme heben.

Das Brot, die Zwetschgen und die Topfencreme abwechselnd in die Form schichten. Die letzte Schicht sollte Brot sein. Die Butter in Flöckchen auf der Oberfläche verteilen.

Den Brotauflauf im Ofen auf der mittleren Schiene etwa 40 Minuten backen. Herausnehmen und kurz ruhen lassen, auf Teller verteilen und warm servieren.

Topfenknödel mit Erdbeersauce

Diese Knödel liebt man in Bayern ebenso wie in Österreich und in Südtirol. Ohne Zucker zubereitet, sind sie auch ein tolles herzhaftes Essen, zum Beispiel mit einer Kräutersauce oder auf Rahmspinat.

Für 4 Personen als Hauptgericht oder für 8 als Dessert
Zubereitungszeit: 30 Min.
Ruhezeit: 20 Min.

Für die Knödel:
60 g weiche Butter
40 g Zucker
1 Päckchen Vanillezucker
500 g Topfen oder Speisequark
3 Eier
1 Eigelb
Salz
150 g Semmelbrösel
evtl. 1 EL Mehl

Für die Erdbeersauce:
500 g Erdbeeren
50 g Puderzucker

Zum Servieren:
80 g Butter
80 g geriebene Mandeln oder Haselnüsse
20 g Semmelbrösel
30 g Zucker

Für die Knödel die Butter mit dem Zucker und dem Vanillezucker schaumig rühren. Den Topfen oder Quark und die Eier sowie das Eigelb abwechselnd unterrühren. Dann 1 Prise Salz und die Semmelbrösel unterrühren. Die Mischung etwa 20 Minuten ruhen lassen.

Inzwischen für die Sauce die Erdbeeren waschen, putzen und in kleine Würfel schneiden. Mit dem Puderzucker in eine Schüssel geben und mit einer Gabel fein zerdrücken.

In einem großen Topf reichlich Salzwasser aufkochen. Aus der Quarkmasse mit den Händen einen Probeknödel (etwa 5 cm Durchmesser) formen und ins siedende Wasser geben. Wenn er seine Form behält, aus der Quarkmasse weitere Knödel formen und im Wasser etwa 10 Minuten gar ziehen lassen. Zerfällt der Probeknödel, das Mehl unter den Teig mischen.

Kurz vor dem Servieren die Butter in einer Pfanne erhitzen. Die Mandeln oder Haselnüsse und die Semmelbrösel darin unter Rühren bei mittlerer bis starker Hitze goldbraun braten. Den Zucker unterrühren und die Pfanne vom Herd ziehen.

Die Erdbeersauce auf Teller verteilen. Die Knödel mit dem Schaumlöffel aus dem Wasser heben, sehr gut abtropfen lassen und in die Nussbrösel legen. Vorsichtig darin wenden und auf die Erdbeersauce setzen. Die restlichen Brösel darüberstreuen und die Topfenknödel warm servieren.

Blaubeerpfannkuchen

Wilde Blaubeeren wachsen in den Bergen bis auf eine Höhe von etwa 2000 Metern. Das Abpflücken von den niedrigen Sträuchern ist eine mühsame Arbeit, darum gibt es dafür spezielle Kämme, mit denen sich die kleinen Beeren gut abstreifen lassen.

Für 4 Personen
Zubereitungszeit: 1 Std.

300 g Mehl
Salz
100 g Zucker
4 Eier
½ l Milch
500 g Blaubeeren (am besten wilde)
40 g Butterschmalz
Puderzucker zum Bestäuben

Das Mehl in einer Schüssel mit 1 Prise Salz und 50 g Zucker mischen. Die Eier trennen. Die Eiweiße zu steifem Schnee schlagen und in den Kühlschrank stellen. Die Eigelbe und die Milch abwechselnd mit dem Schneebesen unter das Mehl mischen und zu einem glatten Teig verrühren. Den Teig zugedeckt etwa 30 Minuten quellen lassen.

Inzwischen die Blaubeeren verlesen, waschen und trocken tupfen.

Den Backofen auf 100 °C vorheizen. Den Teig noch einmal durchrühren und den Eischnee vorsichtig unterheben.

In einer großen Pfanne 1 EL Butterschmalz erhitzen. Ein Viertel des Teiges dazugeben, ein Viertel der Blaubeeren darauf verteilen und mit 1 EL Zucker bestreuen. Den Pfannkuchen bei mittlerer Hitze 4 bis 5 Minuten backen, bis die Unterseite knusprig braun und die Oberseite fest ist. Den Pfannkuchen vorsichtig wenden und kurz weiterbraten.

Den Pfannkuchen im Backofen warm halten, bis alle gebacken sind (oder mit Puderzucker bestäuben und sofort servieren). Auf diese Weise noch 3 Pfannkuchen backen, nach Belieben mit einigen Blaubeeren garnieren, mit Puderzucker bestäuben und servieren.

Millirahmstrudel mit Topfen

Herrlich saftig ist diese österreichische Strudelvariante. Der Millirahmstrudel schmeckt warm als süßes Hauptgericht, aber auch lauwarm oder abgekühlt zu Kaffee oder Tee.

Für 2 Strudel (8–10 Personen)
Zubereitungszeit: 1 Std.
Backzeit: 40–45 Min.

Für den Teig:
250 g Mehl und Mehl zum Verarbeiten
Salz
2 EL Öl
1 Ei
60 g Butter

Für die Füllung:
1 Bio-Zitrone
100 g weiche Butter
100 g Zucker
1 TL Vanillepulver
2 Eier
1 Eigelb
500 g Topfen oder Schichtkäse

Für den Guss:
100 ml Milch
100 g Sahne
2 Eier
2 Päckchen Vanillezucker

Für den Teig das Mehl mit 1 Prise Salz mischen. Das Öl, das Ei und 80 ml lauwarmes Wasser dazugeben und alles mit den Händen kräftig zu einem glatten, geschmeidigen und seidig glänzenden Teig kneten. Falls nötig, noch etwas Wasser dazugeben. Den Teig zu einer Kugel formen, in Butterbrotpapier wickeln und in einem heißen Topf mit geschlossenem Deckel 30 Minuten ruhen lassen (siehe Tipp).

Inzwischen für die Füllung die Zitrone heiß waschen, trocken reiben und die Schale fein abreiben. Die Butter mit dem Zucker und dem Vanillepulver schaumig rühren, nach und nach die Eier und das Eigelb unterschlagen. Den Topfen oder Schichtkäse und die Zitronenschale unterrühren. Die Butter zerlassen.

Den Teig halbieren, 1 Portion wieder in den Topf legen, die andere zuerst mit dem Nudelholz sehr dünn auf einem bemehlten Küchentuch ausrollen, dann über den Handrücken hauchdünn ausziehen.

Den Teig mit flüssiger Butter bestreichen und die Hälfte der Topfencreme darauf verstreichen. Die Teigränder nach innen über die Füllung klappen. Das Tuch an einer Längsseite leicht anheben, bis der Teig beginnt, sich aufzurollen. Den Strudel ganz aufrollen und auf der Nahtseite in eine ofenfeste Form oder auf ein mit Backpapier belegtes Blech legen.

Den Backofen auf 180 °C vorheizen. Den zweiten Strudel ebenso zubereiten und in die Form legen. Die Strudel mit der restlichen flüssigen Butter bestreichen und im Ofen auf der mittleren Schiene 20 Minuten backen.

Für den Guss die Milch, die Sahne, die Eier und den Vanillezucker verrühren. Nach 20 Minuten Backzeit über die Strudel gießen und diese weitere 20 bis 25 Minuten backen. Herausnehmen und warm, lauwarm oder abgekühlt servieren.

Tipp Der Strudelteig findet ideale Ruhebedingungen in einem heißen Topf. Dafür in einem Topf Wasser zum Kochen bringen und wieder ausgießen. Den Topf vom Herd nehmen, den Teig hineinlegen und mit geschlossenem Deckel darin ruhen lassen.

Apfelstrudel

Ein sehr beliebter Klassiker aus Österreich und Süddeutschland. Ganz wichtig: Der Teig muss hauchdünn ausgezogen werden. So dünn, dass man durch ihn hindurch die Zeitung lesen kann, hat meine Oma gesagt. Und damit natürlich ein bisschen übertrieben.

Für 2 Strudel (8–10 Personen)
Zubereitungszeit: 1 Std.
Backzeit: 40–45 Min.

250 g Mehl und Mehl zum Verarbeiten
Salz
2 EL Öl
1 Ei
1½ kg säuerliche Äpfel
2 EL Zitronensaft
100 g Zucker
1 TL Zimtpulver
60 g Butter
250 g saure Sahne

Das Mehl mit 1 Prise Salz mischen. Das Öl, das Ei und 80 ml lauwarmes Wasser dazugeben und alles mit den Händen kräftig zu einem glatten, geschmeidigen und seidig glänzenden Teig kneten. Falls nötig, noch etwas Wasser zugeben. Den Teig zu einer Kugel formen, in Butterbrotpapier wickeln und in einem heißen Topf (siehe Tipp links) 30 Minuten ruhen lassen.

Inzwischen für die Füllung die Äpfel vierteln, schälen und die Kerngehäuse entfernen. Die Viertel in dünne Spalten schneiden und mit dem Zitronensaft, dem Zucker und dem Zimt mischen. Die Butter zerlassen.

Den Teig halbieren, 1 Portion wieder in den Topf legen, die andere zuerst mit dem Nudelholz sehr dünn auf einem bemehlten Küchentuch ausrollen, dann über den Handrücken hauchdünn ausziehen, zum Schluss auch die Ränder mit den Fingern dünn ausziehen.

Den Teig mit flüssiger Butter bestreichen und mit der Hälfte der Äpfel belegen, dabei rundherum einen etwa 2 cm breiten Rand frei lassen. 125 g saure Sahne in Klecksen darauf verteilen. Nach Belieben 25 g Rosinen daraufstreuen. Die Teigränder nach innen über die Füllung klappen. Das Tuch an einer Längsseite leicht anheben, bis der Teig beginnt, sich aufzurollen. Den Strudel ganz aufrollen und auf der Nahtseite in eine ofenfeste Form oder auf ein mit Backpapier belegtes Blech legen.

Den Backofen auf 180 °C vorheizen. Den zweiten Strudel ebenso zubereiten und in die Form legen. Die Strudel mit der restlichen flüssigen Butter bestreichen und im Ofen auf der mittleren Schiene 40 bis 45 Minuten backen. Herausnehmen und warm, lauwarm oder abgekühlt servieren. Dazu passt Vanillesauce (siehe Seite 130).

Rahmbirnen mit Buttermilch-Zimt-Eis

Eine Schweizer Spezialität, die man auch mit Äpfeln zubereiten kann. Und obwohl sie süß sind, werden die Rahmbirnen in der Schweiz gern auch zu Kartoffelpuffern serviert. Mir schmecken sie mit einem erfrischenden Buttermilch-Zimt-Eis am besten.

Für 4 Personen
Zubereitungszeit: 20 Min.
Gefrierzeit: 3–4 Std.
Backzeit: 35 Min.

Für das Eis:
350 g Buttermilch
2 EL flüssiger Honig (z.B. Akazien- oder Kastanienhonig)
1 TL Zimtpulver
150 g Sahne
1 Päckchen Vanillezucker

Für die Birnen:
Butter für die Form
4 reife feste Birnen
4 EL Zucker
200 g Sahne

Für das Eis die Buttermilch, den Honig und den Zimt mit dem Schneebesen gut verrühren. Die Sahne mit dem Vanillezucker steif schlagen und unterheben. Die Mischung im Tiefkühlfach 3 bis 4 Stunden fest gefrieren lassen, dabei häufig durchrühren, damit sie gleichmäßig gefriert und keine zu großen Eiskristalle bildet. Wer eine Eismaschine hat, friert die Masse natürlich dort ein, da wird sie perfekt glatt.

Für die Birnen den Backofen auf 220 °C vorheizen. Eine ofenfeste Form mit Butter einfetten. Die Birnen halbieren, schälen und die Kerngehäuse mit dem Kugelausstecher herauslösen.

Die Birnen mit den Schnittflächen nach oben in die Form setzen, falls nötig, unten eine Scheibe abschneiden, damit sie gerade in der Form sitzen.

Die Birnen mit 2 EL Zucker bestreuen. Die Sahne in die Aushöhlungen füllen und etwas darüber hinauslaufen lassen. Die Birnen im Ofen auf der mittleren Schiene etwa 20 Minuten backen. Mit dem restlichen Zucker bestreuen und weitere 15 Minuten backen.

Die Birnen aus dem Ofen nehmen, etwas abkühlen lassen und auf Teller verteilen. Vom Eis Kugeln oder Nocken abstechen und danebensetzen.

Apfelrösti mit Zimtzucker

Diese Schweizer Spezialität ist eine köstliche Verwertung von altbackenem Brot, das in dünnen Scheiben richtig schön knusprig gebraten wird. Die Äpfel sorgen für die Saftigkeit.

Für 4 Personen
Zubereitungszeit: 30 Min.

500 g Äpfel
2 EL Zitronensaft
250 g altbackenes Weißbrot
40 g Butter
100 g Zucker
1 TL Zimtpulver

Die Äpfel vierteln, schälen und die Kerngehäuse entfernen. Die Viertel in schmale Spalten schneiden und mit dem Zitronensaft mischen, damit sie sich nicht zu stark verfärben.

Das Brot in sehr dünne Scheiben schneiden. Große Scheiben halbieren oder vierteln. Die Butter in einer großen Pfanne erhitzen und das Brot darin bei mittlerer Hitze unter Rühren knusprig braten.

Die Apfelspalten hinzufügen, mit gut der Hälfte des Zuckers bestreuen und alles unter Rühren braten, bis die Äpfel leicht karamellisiert sind.

Den restlichen Zucker mit dem Zimt verrühren. Die Apfelrösti auf Teller verteilen, mit dem Zimtzucker bestreuen und sofort servieren.

Tipp~ Wer Rosinen mag, gibt nach dem Karamellisieren der Äpfel noch 2 EL Rosinen dazu. Die Rösti schmeckt übrigens auch mit Birnen sehr gut. Und wenn einmal Butterhörnchen oder Hefezopf übrig sind, können Sie diese anstelle des altbackenen Brotes verwenden. In diesem Fall nehme ich dann etwas weniger Zucker.

Kastanienpüree

Das feine Püree liebt man in der Schweiz, in Österreich und in Italien. In der Schweiz heißt es Vermicelles und wird im Herbst überall fertig verkauft. In Österreich findet man es auch unter dem Namen Maroni-Reis, und in Italien nennt man das Püree Monte bianco, weil es immer mit einer Sahnehaube garniert wird. Selbst gemacht schmeckt das Püree doppelt so gut, vor allem, weil man die Zuckermenge bestimmen kann.

Für 4 Personen
Zubereitungszeit: 45 Min.
Garzeit: 1 Std.

500 g Esskastanien (Maronen)
Salz
1/4 l Milch
ca. 80 g Zucker
50 ml Grappa oder Kirschwasser
200 g Sahne
1 EL Puderzucker
100 g Zartbitterschokolade
4 kleine Baisers (Fertigprodukt)

Die Kastanien auf der gewölbten Seite einschneiden und in Salzwasser etwa 30 Minuten köcheln lassen. In ein Sieb abgießen und kalt abschrecken. Die Schale und die dünne braune Haut entfernen, die Kastanien grob zerkleinern und in einen Topf geben. Die Milch, den Zucker und den Grappa oder das Kirschwasser dazugeben und erhitzen.

Die Kastanien bei schwacher Hitze zugedeckt etwa 30 Minuten sehr weich garen. Dabei immer wieder umrühren, damit sie nicht anbrennen. Bei Bedarf noch etwas Milch dazugießen. Abkühlen lassen.

Die Kastanien in der Küchenmaschine oder mit dem Stabmixer fein pürieren und durch die Kartoffelpresse direkt in Dessertschälchen drücken. Die Sahne mit dem Puderzucker halbsteif schlagen. Die Schokolade in Stücke brechen und in einer Metallschüssel über dem heißen Wasserbad schmelzen.

Die Kastaniencreme mit einer Sahnehaube bedecken und die geschmolzene Schokolade in dünnen Fäden darüberträufeln. Je 1 Baiser daraufsetzen und das Dessert servieren.

HONIG

Das Gold der Alpen

„Manche Dinge im Leben nimmt man sich nicht vor, sie passieren einfach.“ Gianpiero – oder Peter, wie ihn seine Freunde und seine Familie nennen – Moltoni schmunzelt, als er erzählt, wie er „auf die Biene kam“. Eine Freundin wollte für ein paar Monate nach Deutschland gehen und suchte einen Sitter für ihre – wenigen – Bienenvölker. Zurückgekommen ist die Freundin allerdings nie, und Gianpiero ist bei den Bienen geblieben.

„Ich habe diesen Beruf nicht selbst gewählt“, sagt er, „die Bienen sind mir begegnet, sie haben mich gesucht und gefunden. Heute gehören wir einfach zusammen.“

Damals war er Schreiner, und da lag es nahe, dass er für seine neuen Bienen schöne Kästen aus Holz zimmerte. Lang hat es nicht gedauert, bis der berühmte Funke übergesprungen ist, und die Leidenschaft für die Bienen hat ihn seither nicht mehr losgelassen. Gleichzeitig war eine neue Geschäftsidee geboren: Seit 1980 baut Gianpiero als Spezialschreiner alles, was der Imker aus Holz braucht. Erst als er von den Bienen auch leben konnte, hat er die Schreinerei im größeren Stil aufgegeben.

Heute betreut er fast 500 Bienenvölker, die er auf Italienisch liebevoll „famiglie“ nennt, und ist damit der größte Imker des ganzen Veltlins.

„Peter ist nicht zu bremsen, wenn er sich etwas in den Kopf setzt, gibt es kein Halten mehr“, meint seine Frau Renata halb bewundernd und halb tadelnd. Sie selbst hat von ihrer Familie ein kleines Bauerngut geerbt, auf dem Peter begonnen hat, neben alten, fast vergessenen Maissorten auch Buchweizen anzupflanzen. Zuerst natürlich als Bienenweide, denn die Bienen sind wie verrückt nach dem Nektar dieser alten Kulturpflanze. Zudem ist der daraus gewonnene Honig unter Kennern als absolute Rarität gesucht.

Peter wusste aber auch: Der Buchweizenanbau hat eine lange Tradition im Tal – was wäre das Veltlin ohne Gerichte wie Pizzoccheri, Chisöel und Manfriguli? Und diese Tradition war gefährdet. Kaum jemand baute ihn noch an, vielmehr wurde der Buchweizen aus dem fernen China und aus Osteuropa importiert. Also forschte Peter nach den einheimischen Wurzeln, nach den ursprünglichen Sorten und pflanzte sie wieder an. Und eben, „wenn Peter etwas im Kopf hat, dann ist kein Halten mehr". Vom Buchweizen kam er auf die alten Getreidesorten des Tals, suchte aufgegebene Äcker, rettete das Saatgut und säte es erneut aus. Zunächst beäugte man im Tal den etwas verrückten Peter skeptisch, doch nach und nach gewann er Mitstreiter. Und heute verstehen immer mehr Leute, dass hier einer für ihr eigenes Erbe im Tal kämpft.

Die Bienen sind aber der eigentliche Mittelpunkt von Peters Leben geblieben. Er hat im Dorf Villa di Tirano eine ehemalige Molkerei gekauft und sich darin sein Bienenreich eingerichtet. Wachs, Propolis, Pollen und eine bunte Vielzahl von Sortenhonigen bietet er hier an. Alles, was die Bienen auf ihren Flügen sammeln, kann man hier kaufen. Dazu Honigkuchen und „caramelle" aus Renatas Küchenschatz. Wie im Paradies, wo Milch und Honig fließen ...

Gerne zeigt Peter auch sein kleines Museum mit historischen Imkergeräten und öffnet dem Gast seine Schatztruhe mit Honigen aus der ganzen Welt. Zum Schluss gibt's noch einen Honiglikör.

Seine etwa 500 Völker teilt er in kleine Gruppen von 42 bis 48 Kästen. So viele kann er auf einmal auf der Ladefläche seines kleinen Lasters verstauen und mitnehmen. Er versucht, seine Bienen vom Tal fernzuhalten. Da unten sei alles verseucht von Chemie, sagt er, die Bienen würden krank, und der Honig sei vergiftet. Deshalb bringt er seine Bienen in höhere Lagen und sogar regelrecht hinauf in die Berge, wo die Luft noch rein ist und die Weiden und Wälder noch keine Insektizide und keinen Dünger gesehen haben. Aber nicht nur das ist entscheidend für seine Wanderimkerei, sondern auch der Geschmack des Honigs. Denn der Nektar jeder Pflanze gibt dem Honig einen anderen Geschmack. Und Peter weiß, wann und wo die Akazien blühen, er kennt die besten Plätze für die Alpenrosen, den Bergthymian, die Kastanien, die Linden und eben den Buchweizen. „Ich bin wie ein Älpler, der mit seinem Vieh von Futterplatz zu Futterplatz zieht, die besten Plätze kennt und sie seinen Tieren gönnt." Und so schmeckt auch sein Honig: sauber und klar und intensiv aromatisch. Man findet darin die ganze Vielfalt der Düfte, die man bei einer Wanderung in den Bergen entdecken kann.

Wie gut, dass ihm die Bienen passiert sind!

Zigerkuchen mit Honig und Beeren

Der Schweizer Ziger wird – ganz ähnlich wie Ricotta – aus der Molke zubereitet, die nach dem Käsen übrig bleibt. Das Resteiweiß wird durch Säure zum Ausflocken gebracht, in eine Form geschöpft und einige Stunden zum Abtropfen kühl gestellt.

Für 1 Springform
(26 cm Durchmesser)
Zubereitungszeit: 20 Min.
Backzeit: 55–60 Min.

125 g Butter
500 g Beeren (z.B. Brombeeren, Blaubeeren und/oder Himbeeren)
1 Bio-Zitrone
5 Eier
Salz
150 g Honig
500 g Ziger (ersatzweise Ricotta)
50 g Hartweizengrieß
2 TL Backpulver

Außerdem:
Butter für die Form
2–3 EL aromatischer Honig zum Beträufeln (z.B. Akazienhonig)

Die Butter zerlassen und lauwarm abkühlen lassen. Die Beeren verlesen, waschen und trocken tupfen. Etwa 100 g Beeren zum Garnieren beiseitelegen. Die Zitrone heiß waschen und trocken reiben, die Schale fein abreiben und den Saft auspressen.

Den Backofen auf 180 °C vorheizen. Eine Springform mit Butter einfetten. Die Eier trennen und die Eiweiße mit 1 Prise Salz zu steifem Schnee schlagen. Die zerlassene Butter mit dem Honig hellschaumig rühren.

Die Eigelbe, Zitronenschale und -saft, Ziger, Grieß und Backpulver gut mit der Butter-Honig-Mischung verrühren. Den Eischnee und die Beeren unterheben.

Die Masse in die vorbereitete Form füllen und den Kuchen im Ofen auf der mittleren Schiene 55 bis 60 Minuten backen, bis die Masse fest ist. Falls er dabei zu stark bräunt, mit Backpapier abdecken.

Den Zigerkuchen abkühlen lassen und aus der Form lösen. Den Kuchen mit den beiseitegelegten Beeren garnieren, mit dem Honig beträufeln und in Stücke schneiden.

Info – Beim Honig zählen vor allem Geschmack und Konsistenz. Blütenhonig aus den Alpen produzieren die Bienen entweder aus dem Nektar verschiedener Blüten oder aber von einer bestimmten Pflanze.

Ein feines und eher dezentes Aroma haben Akazien- und Alpenrosenhonig. Akazienhonig ist wahrscheinlich der süßeste Honig. Er ist fast farblos und bleibt mindestens ein Jahr lang flüssig. Den Nektar für den ebenfalls sehr süßen und fruchtigen Alpenrosenhonig sammeln die Bienen nur im Juli auf den Alpweiden. Der Honig ist eher trüb und kristallisiert nach 3 bis 6 Monaten.

Ein kräftigeres Aroma hat der Bergthymianhonig. Aus dem Tessin, dem Veltlin und zum Teil aus Südtirol, wo viele Edelkastanien wachsen, kommt der dunkle und aromatische Kastanienhonig. Er duftet kräftig nach Harz und Karamell und schmeckt herb-bitter. Seine Farbpalette reicht von hell- bis dunkelbernsteinfarben. Er bleibt relativ lange flüssig.

Hollerkücherl

Im Frühjahr, wenn der Holunder verführerisch duftende Blüten trägt, gibt es in Bayern und in vielen anderen Bergregionen diesen besonderen Nachtisch.

Für 4 Personen
Zubereitungszeit: 30 Min.

20 g Butter
½ Zitrone
2 Eier
Salz
200 g Mehl
¼ l Mineralwasser (mit Kohlensäure) oder helles Bier
12 schöne Holunderblütendolden
¾ l Öl zum Frittieren
Puderzucker zum Bestäuben

Die Butter zerlassen. Die Zitronenhälfte waschen, trocken reiben und die Schale fein abreiben.

Die Eier trennen und die Eiweiße mit 1 Prise Salz zu steifem Schnee schlagen. Das Mehl in einer Schüssel mit den Eigelben, der flüssigen Butter und dem Mineralwasser oder Bier zu einem eher zähflüssigen Teig verrühren. Den Eischnee unterheben.

Die Holunderblütendolden vorsichtig waschen und auf Küchenpapier sehr gut abtropfen lassen.

Das Öl in einem weiten Topf stark erhitzen. Es ist heiß genug, wenn sich an einem hineingehaltenen Holzlöffelstiel Blasen bilden.

Die Holunderblüten portionsweise in den Teig tauchen, mit einer Gabel herausfischen und im Öl 2 bis 3 Minuten goldgelb frittieren, dabei ab und zu mit der Gabel untertauchen.

Mit dem Schaumlöffel herausheben und auf einer dicken Lage Küchenpapier abtropfen lassen. Alle Hollerkücherl frittieren, mit Puderzucker bestäuben und servieren.

Haslichueche

Nicht wegen der Haselnüsse, sondern weil das Rezept aus dem Haslital im Berner Oberland kommt, heißt der Kuchen „Haslikuchen“. Vor allem in Meiringen wird er in allen Konditoreien gebacken, mal mit Blätterteig, mal mit Mürbeteig.

Für 1 Tarteform
(30 cm Durchmesser)
Zubereitungszeit: 35 Min.
Ruhezeit: 1 Std.
Backzeit: 40 Min.

Für den Teig:
225 g Mehl
Salz
50 g Zucker
100 g kalte Butter
1 Eigelb

Für die Füllung:
300 g Haselnusskerne
3 Eier
180 g Zucker
1½ TL Zimtpulver
1 TL Kakaopulver
Salz
150 g Sahne

Außerdem:
Butter für die Form
Puderzucker zum Bestäuben

Für den Teig das Mehl mit 1 Prise Salz und dem Zucker mischen, die Butter in kleine Würfel schneiden und mit dem Eigelb dazugeben. Alles zu einem glatten Teig verkneten, bei Bedarf etwa 2 EL kaltes Wasser untermischen.

Den Teig zu einer Kugel formen und diese zwischen zwei Lagen Frischhaltefolie rund und dünn ausrollen. Die Tarteform mit Butter einfetten. Die Form mit dem Teig auslegen und dabei einen etwa 2 cm hohen Rand formen. Die Form etwa 1 Stunde in den Kühlschrank stellen.

Inzwischen für die Füllung die Haselnüsse in einer Pfanne bei mittlerer Hitze rösten, bis sich die braune Haut zu lösen beginnt. Die Nüsse in ein Küchentuch geben und aneinanderreiben, bis sich die braune Haut teilweise ablöst. Die Nüsse in der Küchenmaschine fein zerkleinern oder auf einer Reibe fein reiben.

Den Backofen auf 180 °C vorheizen. Den Teig aus dem Kühlschrank nehmen und mit einer Gabel mehrmals einstechen. Die Eier mit dem Zucker, dem Zimt, dem Kakaopulver und 1 Prise Salz schaumig schlagen. Die Sahne unterrühren und die Haselnüsse gut untermengen.

Die Füllung auf dem Teigboden verteilen und den Kuchen im Ofen auf der mittleren Schiene etwa 40 Minuten backen.

Den Haslichueche herausnehmen, abkühlen lassen und vor dem Servieren mit Puderzucker bestäuben.

Engadiner Nusstorte

Tuorta da nusch heißt diese Spezialität aus Graubünden auf Romanisch. Mal wird sie Bündner, mal Engadiner, mal Walliser Nusstorte genannt. In jedem Fall zeichnet sie sich durch eine wunderbar karamellige, saftige und lang haltbare Nussfüllung aus.

Für eine Springform (26 cm Durchmesser)
Zubereitungszeit: 45 Min.
Ruhezeit: 1 Std. + 2 Tage
Backzeit: 40 Min.

Für den Teig:
300 g Mehl
Salz
100 g Zucker
150 g kalte Butter
1 Ei

Für die Füllung:
300 g Walnusskerne
½ Bio-Zitrone
200 g Zucker
250 g Sahne
50 g Honig

Zum Bestreichen:
1 Eigelb
2 EL Sahne

Zwei Tage im Voraus für den Teig das Mehl mit 1 Prise Salz und dem Zucker mischen. Die Butter in kleine Würfel schneiden und mit dem Ei dazugeben. Alles zu einem glatten Teig verkneten, bei Bedarf noch etwas kaltes Wasser untermischen. Den Teig zu einer Kugel formen, in Frischhaltefolie wickeln und etwa 1 Stunde in den Kühlschrank legen.

Inzwischen für die Füllung die Walnüsse grob hacken. Die Zitronenhälfte heiß waschen und trocken reiben, die Schale fein abreiben und den Saft auspressen. Den Zucker in einem Topf bei starker Hitze erwärmen. Sobald der Zucker am Rand zu schmelzen beginnt, die Temperatur reduzieren und den Zucker bei schwacher bis mittlerer Hitze hellbraun karamellisieren.

Die gehackten Nüsse 2 bis 3 Minuten mitköcheln. Die Sahne erhitzen und dazugießen. Das Ganze bei mittlerer Hitze etwa 10 Minuten erwärmen, bis die Nussmischung dickflüssig wird, dabei gelegentlich rühren. Den Honig und den Zitronensaft unterrühren und die Füllung lauwarm abkühlen lassen.

Den Backofen auf 200 °C vorheizen. Gut die Hälfte des Teiges abnehmen, zu einer Kugel formen und zwischen zwei Lagen Backpapier rund ausrollen. Die Springform mit dem Teig auslegen und dabei einen mindestens 2 cm hohen Rand formen. Den restlichen Teig ebenfalls zu einer Kugel formen und in der Größe der Form rund ausrollen. Die Nussmischung auf dem Teigboden verstreichen. Den Teigdeckel mit einer Gabel mehrmals einstechen und darauflegen.

Die Nusstorte auf der mittleren Schiene etwa 30 Minuten backen. Das Eigelb mit der Sahne verrühren und den Teigdeckel damit bestreichen. Die Torte weitere 10 Minuten goldbraun backen. Aus dem Ofen nehmen, abkühlen lassen und aus der Form lösen. Vor dem Anschneiden mindestens 2 Tage ruhen lassen.

Auszogne

In Bayern und Österreich liebt man die knusprigen Hefefladen mit dem dicken Rand. In Bayern heißen sie auch Schmalznudeln und in Tirol Ziachkiachl oder auch Kniekiachl, weil die Hausfrauen sie früher über den Knien geformt – also ausgezogen – haben.

Für 12 Stück
Zubereitungszeit: 1 Std.
Gehzeit: 1 Std.

Für den Teig:
1/4 l Milch
15 g frische Hefe
40 g Zucker
80 g Butter
500 g Mehl
Salz
1 Ei
1 Eigelb

Außerdem:
zerlassene Butter
3/4 l Öl zum Frittieren
feiner Zucker zum Bestreuen

Für den Teig die Milch lauwarm erhitzen. Die Hefe zerkrümeln und mit 50 ml Milch und 1 TL Zucker gut verrühren. 60 g Butter in der restlichen Milch zerlassen.

Das Mehl mit 1 Prise Salz und dem übrigen Zucker mischen. Die Hefemilch, das Ei und das Eigelb sowie die Milch-Butter-Mischung dazugeben und alles zu einem glatten, eher weichen Teig verkneten.

Die restliche Butter zerlassen. Aus dem Teig 12 Kugeln formen, mit der flüssigen Butter bestreichen und zugedeckt 1 Stunde gehen lassen.

Die Finger mit zerlassener Butter einfetten. Eine Teigkugel in die Hand nehmen und den Rand durch die Finger gleiten lassen, bis er schön rund und dick ist. Die Mitte des Teigstücks hingegen soll sehr dünn und fast durchsichtig sein.

Das Öl in einem weiten Topf stark erhitzen. Es ist heiß genug, wenn sich an einem hineingehaltenen Holzlöffelstiel Blasen bilden.

Die Auszognen portionsweise im Öl auf jeder Seite etwa 2 Minuten frittieren, bis die Ränder goldbraun sind. Die dünne Mitte sollte möglichst wenig mit dem Öl in Berührung kommen, damit sie hell bleibt. Die Auszognen mit dem Schaumlöffel aus dem Fett heben, auf Küchenpapier abtropfen und abkühlen lassen.

Die Auszognen mit feinem Zucker bestreuen und sofort genießen, sie schmecken frisch am besten!

Register

Allgäuer Käsesuppe 47
Älplermagronen mit Apfelschnitzen 82
Älplersuppe 47
Apfelrisotto mit Fontina 87
Apfelrösti mit Zimtzucker 140
Apfelstrudel 137
Auszogne 155

Bärlauchsuppe mit Graupennockerln 55
Bayerische Brotsuppe 40
Blaubeerpfannkuchen 135
Brennnessel-Kasspatzen 118
Brennnesselblätter, frittierte 33
Brezen selbst gemacht 14
Brot-Käse-Suppe, italienische, mit Wildkräutern 40
Brotauflauf mit Zwetschgen 131
Brotpflanzerl mit Kartoffelsalat 62
Brotsuppe, bayerische 40
Buchweizen-Grissini 84
Buttermilchsuppe mit Enzian und Gemüsestreifen 46

Capuns 117
Chisciöl 32

Engadiner Nusstorte 152
Erdäpfelkas 16
Essigzwetschgen 103

Flan, grüner, mit Käsesauce 20
Frittierte Brennnesselblätter 33

Gemischte Gemüse mit Fontina 58
Gemüse, gemischte, mit Fontina 58
Germknödel mit Blaubeerfüllung 130
Gersten-Risotto mit Kräutern und Käse 84
Getreidepflanzerl 62
Graupen-Gemüse-Salat 33
Graupensuppe mit Kümmelrahm 52
Grüner Flan mit Käsesauce 20
Grünkohlchips 71

Haslichueche 151
Hollerkücherl 150

Italienische Brot-Käse-Suppe mit Wildkräutern 40

Kaiserschmarren mit Brombeerkompott 128
Kalte Kräuter-Topfen-Suppe 38
Kartoffelkuchen, Walliser 124
Käse, panierter, mit Preiselbeeren 99
Käsefondue 100
Käsesalat mit Zwiebeln 27
Käsesalat, Südtiroler 27
Käseschnitte 108
Käsesuppe, Allgäuer 47
Kasnocken 73
Kaspressknödel-Suppe 45
Kastaniennudeln mit Nuss-Käse-Sauce 76
Kastanienpüree 143
Knödelgröstl mit Pilzen 72
Kräuter-Alpkäse-Frittata 34
Kräuter-Blüten-Salat mit Topfenkrapfen 29
Kräuter-Pizokel mit Gemüse 81
Kräuter-Topfen-Suppe, kalte 38
Krautsalat mit Apfel und Walnüssen 26
Kümmelkartoffeln und Rote Bete mit Kräutertopfen 114

Linsen-Kartoffel-Eintopf mit Bergkräuter-Pesto 59
Linsensalat mit Birne und Wacholder 30

Maluns 97
Manfriguli 123
Maronicremesuppe mit gebratenen Pilzen 56
Millirahmstrudel mit Topfen 136
Mohnbutter 130

Nusstorte, Engadiner 152

Obazda 14

Panierter Käse mit Preiselbeeren 99
Pilze in Öl 102
Pilzfrittata 34
Pilzmousse 17
Pizzoccheri 81
Polenta-Wirsing-Gratin 109
Polenta mit gebratenen Pilzen und Käsesauce 93

Raclette 100
Rahmbirnen mit Buttermilch-Zimt-Eis 139
Reispflanzerl 87
Rohnen-Schlutzkrapfen 75
Rohnenknödel im Fond von der weißen Rohne 68
Rösti 94
Rotweinrisotto, Tessiner, mit Ziegenkäse 86

Sauerampferpäckchen 19
Schupfnudeln mit Rahmpilzen 96
Schwarzkohlknödel mit Graukäseschaum 70
Senfbirnen 103
Spinatknödel 41
Spinatknödelsuppe 41
Südtiroler Käsesalat 27
Südtiroler Weinsuppe 54

Tessiner Rotweinrisotto mit Ziegenkäse 86
Tirteln mit Sauerkrautfüllung 79
Topfenknödel mit Erdbeersauce 132

Walliser Kartoffelkuchen 124
Weinsuppe, Südtiroler 54
Wildkraut-Fleckerl mit Ziegenfrischkäse 78
Wildkräutergemüse 94
Wildkräuterstrudel mit jungem Käse 106
Wildkräutersuppe mit Schüttelbrot 42

Ziegenkäse-Carpaccio mit Thymian und Walnüssen 8
Zigerkuchen mit Honig und Beeren 148
Zwiebel-Käse-Quiche 120

Dankeschön

Bei der Recherche für dieses Buch haben mich ein paar ausgesprochen liebenswürdige Menschen unterstützt. Bei ihnen möchte ich mich bedanken:

Matthias und Mark Stähli, die uns auf einigen Touren durchs Berner Oberland begleitet und vor allem auch zu Annamarie und Alfred auf die Chaslepalp geführt haben (www.wanderbegleitung.ch).

Ernst und Margrith Fuchs, die sich mit Kräutern und deren Verwendung bestens auskennen und ihr Wissen auch gerne teilen.

Anna Matscher, die uns in ihrem wunderschönen „Restaurant zum Löwen" (www.zumloewen.it) in Tisens aufs Beste bewirtet und außerdem zwei ihrer Rezepte für dieses Buch beigesteuert hat.

BILDNACHWEIS

Jan Russok (Umschlag, Holzmotiv);
Fotolia: JFL Photography (Cover, Alpenpanorama; Vor- und Nachsatz)

IMPRESSUM

Kaiserstraße 14b
D-80801 München

ISBN 978-3-89883-632-6
1. Auflage 2017

Projektleitung: Ines Alms
Rezepte & Texte: Cornelia Schinharl
Lektorat: Katharina Lisson
Grafische Gestaltung: Irene Schulz, Lars Harmsen (Cover)
Fotografie: Michael Schinharl (andere siehe Bildnachweis oben)
Herstellung: Frank Jansen
Producing: Jan Russok
Druck & Bindung: aprinta druck GmbH, Wemding

Die ZS Verlag GmbH ist ein Unternehmen der Edel AG, Hamburg.
www.zsverlag.de | www.facebook.com/zsverlag